El poder de los pequeños cambios

Reinicia tu mente con nuevos hábitos y alcanza tus sueños.

EL PODER DE LOS PEQUEÑOS CAMBIOS.
Copyright © Yorsa Martinez 2024
Todos los derechos reservados. Arizona.Estados Unidos.
ISBN: 9798324219277

Pagina web: www.yorsamartinez.com

Redes sociales
Instagram: YorsaMartinez
www.Facebook.com/YorsaMartinez
www.Youtube.com/YorsaMartinez

Ejercicios prácticos que proporcionarán herramientas tangibles y acciones concretas que puedes llevar a cabo después de cada capítulo para implementar los cambios y avanzar en el logro de tus objetivos y metas.

YORSA MARTINEZ

DEDICATORIA

Este libro está dedicado a:

Carmen Delia Victora Marin.
Y
Juan Alberto Martinez Jaspe.

Mis padres.

AGRADECIMIENTOS

A Dios que me da la bendición de despertar con fuerza y alegría cada día.

A mis padres por permitirme llegar a sus vidas y a pesar de que fue poco tiempo compartido con ellos, doy gracias de poder disfrutarlos y tomar de ellos lo mejor.

A mis hijos que son mi amor mas bonito, y son mi impulso para querer ser cada día mejor, para poder enseñarles que el cielo es el limete, que todo lo que ellos creen en su mente, sepan que
¨SI¨ lo pueden lograr.

A Yorsa Cardely, la persona mas importante de mi vida. esa niña que sueña y que disfruta aprender, crear y hacer realidad todo lo que sueña.

A todas esas personas que de alguna u otra manera han sido parte fundamental de mi vida.

Gracias.

ÍNDICE

Introducción..1

Descubre el potencial transformador de los pequeños cambios............7

Capítulo 1: comprendiendo la importancia de los cambios en la vida..13

La naturaleza de los cambios y su impacto en nuestro bienestar..........14

¿Por qué los pequeños cambios pueden marcar una gran diferencia...15

Ejercicios prácticos..17

Capítulo 2: rompiendo barreras mentales..21

Identificando y superando LAS creencias limitantes..............................23

Estrategias para cultivar una mentalidad de crecimiento......................27

Ejercicios prácticos..30

Capítulo 3: el poder de los hábitos..33

Entendiendo cómo se forman y mantienen los hábitos........................35

Implementando nuevos hábitos para impulsar tu bienestar y éxito......39

Ejercicios prácticos..42

Capítulo 4: identificando tus sueños y metas......................................45

La importancia de tener claridad en tus objetivos.................................47

Herramientas prácticas para definir tus sueños y metas   personales y profesionales 48

Ejercicios prácticos..52

Capítulo 5: creando tu plan de cambio............61

Diseñando un plan personalizado para introducir pequeños cambios significativos en tu vida............63

Estableciendo metas alcanzables y medibles............66

Ejercicio práctico............69

Capítulo 6: cómo las emociones afectan los cambios 73

Explorando el vínculo entre las emociones y los comportamientos............75

Técnicas para gestionar las emociones y utilizarlas como impulsores positivos del cambio............81

Ejercicios prácticos............85

Capítulo 7: manteniendo el impulso y la consistencia............87

Estrategias para mantener la disciplina y la consistencia a lo largo del proceso de cambio............89

¿Cómo superar los momentos de desmotivación y recaída?............93

Estrategias para incorporar nuevos hábitos de manera fácil y efectiva en tu rutina diaria............96

Ejercicios prácticos............99

Capítulo 8: celebrando los logros y aprendizajes............101

Reconociendo y celebrando tus avances y logros, por pequeños que sean............103

Aprendiendo de los desafíos y ajustando tu enfoque para un mayor éxito futuro............106

Ejercicios prácticos............108

Conclusión: tu viaje hacia una vida transformada............111

Tu viaje hacia una vida transformada............112

Apéndice: recursos adicionales para el crecimiento personal............115

Introducción

Sí, los cambios duelen. Duelen porque te revuelcan como una ola en la que no sabes en qué momento vas a salir de ella. Te sientes como si no pudieras respirar, y lo único que anhelas es salir de ese torbellino que, muchas veces, no te deja ver lo bueno y maravilloso que te trae esa ola.

Ahora te invito a que pienses por un momento: ¿qué pasa cuando no hay cambios en tu vida? Cuando sientes que tu vida es lineal, que es lo mismo todos los días. Tu vida se vuelve gris, monótona; sientes que no vales nada, que no eres importante ni para ti ni para nadie.

Repites en cada momento que quieres hacer algo con tu vida, y no sabes por dónde empezar. Te desesperas por no saber qué hacer, y es en ese momento cuando la vida te da un cambio, y te golpea durísimo. Dices: «¿qué es esto? ¿por qué a mí? ¿Por qué me pasa esto?». Y cuando te das cuenta, al final, los cambios siempre son buenos, porque vienen a mostrarte que estás vivo, que puedes lograr y conseguir grandes cosas, porque te muestra tu grandeza y toda la fuerza que tienes para salir adelante y sacar lo mejor de ti.

Eso es lo que vienen a mostrarte los cambios. Y solo nosotros tenemos la decisión de decidir qué hacer con nuestras vidas. Solo nosotros decidimos si nos quedamos en esa ola o salimos a flote y empezamos a buscar nuestras grandes virtudes. Una de las cosas que los cambios vienen a mostrarnos son nuestras fortalezas, esa fuerza tan poderosa que cada ser humano tiene dentro y que puede hacer cosas inimaginables.

A nadie le gustan los cambios, y menos si son los que golpean muy duro. Un ejemplo sencillo es el cambio tan radical que se produce en los árboles con las cuatro estaciones: invierno, primavera, verano y otoño.

El invierno es una época fría y oscura donde muchos árboles pierden sus hojas y se ven desolados. La mayoría de los árboles experimentan una **reducción significativa en su crecimiento y actividad**. Los cubre la nieve y pierden sus hojas por completo para minimizar la cantidad de energía que necesitan para sobrevivir.

Luego llega la primavera, una época de renacimiento para los árboles. Después de un invierno frío y oscuro, los árboles comienzan a despertar y a prepararse para la primavera. Con la llegada del sol, las temperaturas comienzan a subir y los árboles empiezan a producir hojas nuevas y flores. En la primavera, los árboles **comienzan a recuperar su follaje y a producir hojas nuevas**.

Con la llegada del verano, durante esta época, las hojas de los árboles están en pleno desarrollo y crecimiento. Durante el verano, los árboles necesitan mucha agua para sobrevivir.

La mayoría de los árboles comienzan a producir sus frutos en verano. Además, los árboles que dan sombra en verano ofrecen una sombra fresca y relajante.

Luego llega el otoño, una época muy importante para los árboles, porque durante esta estación, comienzan a prepararse para el frío invierno que se avecina. Una de las características más notables del otoño es la caída de las hojas de los árboles.
Esto ocurre porque los árboles deben conservar energía durante el invierno. Las hojas se vuelven amarillas y rojas antes de caer al suelo, creando un hermoso paisaje otoñal. Es en el otoño cuando los árboles aumentan su contenido de agua para evitar la deshidratación durante los meses de invierno.

Y si te das cuenta, es impresionante todos los cambios que vive un árbol para sobrevivir, y podemos encontrar árboles de muchos, muchos años. Aunque suene loco decirlo, esos cambios se vuelven hábitos porque ya están preparados para la llegada de cada estación. Y luego de leer todos los cambios que sufren los árboles para poder sobrevivir, te das cuenta de que ningún cambio es fácil; solo necesitas estar preparado para soportar esa ola que viene a hacerte mucho más fuerte.

Si te preparas y empiezas a hacer en tu vida pequeños cambios, verás el poder que tienen, porque no se trata de cambiar de la noche a la mañana, sino de hacer de esos cambios hábitos. Por eso es que aquí, en este libro, podrás entender más a fondo y con ejercicios prácticos

todo el proceso, empezando por cambios pequeños que te ayudarán a crear hábitos poderosos que te harán dar cambios significativos en tu vida para que tengas un mejor bienestar.

A mí la vida me ha golpeado muy duro, y me ha tocado aprender. Hoy agradezco enormemente esos cambios, esa ola que me revolcó mil veces y yo no entendía por qué. Fue duro y difícil porque en ese momento oscuro había muchas creencias limitantes que no me dejaban ver lo bueno que eso trajo a mi vida.

La muerte de mi mamá cuando solo tenía 15 años fue un golpe muy duro. Una adolescente que vivió su adolescencia viendo personas morir de cáncer todos los días. A esa edad, solo quería estar y compartir con mis compañeras de clase, mis amigas. Pero no fue así, porque me tocaba estar y acompañar a mi mamá. Esa etapa fue una etapa de constantes cambios hasta que entendí que esa era su destino y descanso de todo ese sufrimiento que le tocó vivir. Cuando al fin pude salir y superar ese sufrimiento, logré ver el lado bueno que logré disfrutar de mi mamá durante 15 años llenos de amor.

Porque si, fue una mamá con un carácter fuerte y a su vez amorosa y muy clara para decir las cosas. Gracias a sus enseñanzas y todo lo que me hablaba, hoy soy la mujer que soy, y no bastando con eso, cuatro años más tarde, murió mi papá de la peor manera en que puede morir un familiar, de manera inesperada en un accidente de tránsito.

Verlo ese mismo día por la mañana, hablar con él, y por la noche, al recibir una llamada, llegó a mí esa triste noticia que nadie en su vida quiere recibir.
Mi papá murió en ese trajico accidente.

Estos son los cambios de los que te hablo, esos que la vida te voltea y tú no te das cuenta. Necesitamos respirar, y vivir nuestros procesos y entender qué nos vienen a mostrar esos cambios que nos está dando la vida y sobre todo, sacarles el mejor provecho.

La muerte de mi papá me hizo entender que soy fuerte, que soy valiente y que puedo asumir grandes retos, aunque parezcan muy difíciles, porque eso es un padre para todo ser humano: LA FUERZA DE LA VIDA.

Y tal vez estén pensando: «¡guau! Quedó destrozada».

Sí, fue muy difícil, viví mi proceso. Te mentiría si te dijera que fue fácil. Fue duro. Gracias a Dios, siempre la vida nos pone en el camino personas maravillosas que te ayudan a hacerte la vida más fácil. Como dice **Marian Rojas Estapé**, son esas personas «vitaminas» que te llenan y te dan esa energía que necesitas para volver a ver la luz en esa oscuridad.

Fueron momentos duros, porque si quede con mi hermano, pero mi hermano también debía seguir su vida, y a él, en medio de toda esa ola que estábamos viviendo, el estaba estudiando y ya estaba en pronto a graduarce, por tal razón le tocó mudarse a otro estado. Él no podía quedarse cuidándome; no era justo.

Y sí, me quedé sola en mi casa. Así viví dos años, donde lloraba, vivía deprimida y sentía que el mundo se me venía abajo.

A pesar de esos días, gracias a las palabras de mi mamá, que siempre decía: «hay que salir adelante siempre, uno nunca debe dejarse caer», y a esas personas «vitaminas» que nunca me abandonaron, eso me hizo salir adelante.

Siempre con las palabras de mi mamá repitiéndose en mi cabeza: «estudia, hija, que uno siempre tiene que estudiar. Todo lo que se aprende es bueno». Y así fue. Cinco años después, me gradué, tuve mi primer hijo y ya todo era diferente. Porque es allí donde empiezo a entender por qué me pasó todo eso a mí.

Y fíjate cómo la mentalidad de crecimiento que mi mamá me enseñó (de la que te hablaré más adelante) pudo más que las creencias limitantes que todos tenemos, porque de manera inconsciente nuestros padres nos las transmiten y enseñan. Y no es su culpa, porque ellos solo nos van a enseñar y a mostrar lo que aprendieron. Y sí, nos enseñan creencias limitantes o potenciadoras; nos muestran una mentalidad de crecimiento o una mentalidad de pobreza. Solo nosotros tenemos el poder de decidir a cuál le damos más energía.

Porque si algo es cierto, es que no decidimos en donde nacemos, ni en que familia. Pero si podemos decidir la vida que queremos vivir.

Yo decidí darle fuerza a la mentalidad de crecimiento, porque fue la que me ayudó a seguir estudiando, a seguir

creciendo, a querer crecer como persona, como profesional, como ser humano. Y lograr todas las metas que he logrado hasta ahora.

Por eso te digo: cambios... ¡uff! Tendremos muchos. Unos nos gustarán, otros no. Unos llegarán sin buscarlos, otros tendremos que hacerlos nosotros si queremos cambiar nuestras vidas. Solo necesitamos entender que son indispensables e importantes en nuestra vida. Y va a depender de cómo los veas. Por eso te aconsejo que vivas tus procesos y, cuando ya estés listo, los veas desde el lado positivo y del aprendizaje, para que empieces a sacarles punta y disfrutes escribir todos esos cambios que quieres para tu vida y que te harán cumplir tus metas y objetivos que alguna vez soñaste.

Descubre el potencial transformador de los pequeños cambios

En un mundo lleno de constantes cambios y desafíos, a menudo nos encontramos buscando formas de mejorar nuestras vidas, alcanzar nuestros sueños y encontrar una mayor satisfacción y felicidad.

Sin embargo, a veces nos sentimos abrumados por la magnitud de los cambios que deseamos realizar o desanimados por los obstáculos que encontramos en el camino. Es en estos momentos cuando el poder de los pequeños cambios se revela como una herramienta invaluable para transformar nuestras vidas de manera significativa.

El poder de los pequeños cambios: reinicia tu mente con nuevos hábitos y alcanza tus sueños es un libro diseñado para inspirarte, motivarte y guiarte a través de un viaje de transformación personal. A lo largo de estas páginas, exploraremos cómo los pequeños cambios en nuestros hábitos y mentalidad pueden tener un impacto profundo y duradero en nuestra vida cotidiana.

Este libro está dirigido a ti, lector inquieto, que anhelas un cambio positivo en tu vida, pero quizás te sientes abrumado por la magnitud de tus objetivos o te has desanimado por intentos fallidos en el pasado. Aquí encontrarás un enfoque práctico y realista para identificar tus sueños, superar tus miedos y hacer cambios tangibles que te acerquen a la vida que deseas vivir. A lo largo de los capítulos, te invito a reflexionar sobre tus metas y desafíos, a desafiar tus creencias limitantes y a adoptar nuevos hábitos que te impulsen hacia el éxito y la realización personal. Cada capítulo está acompañado de ejercicios prácticos diseñados para ayudarte a aplicar los conceptos discutidos, integrarlos en tu vida diaria y mantener tu impulso hacia el cambio. Recuerda, el viaje hacia una vida transformada comienza con un pequeño paso. Estoy aquí para guiarte en cada paso del camino mientras descubres el poder de los pequeños cambios y alcanzas tus sueños más grandes.

¡Bienvenido a este emocionante viaje de autodescubrimiento y crecimiento personal! Estás a punto de embarcarte en un viaje emocionante hacia la comprensión y el dominio de los cambios en tu vida.

¿Estás listo para abrir tu mente y tu corazón a las infinitas posibilidades que los cambios tienen para ofrecerte?

Con amor y entusiasmo,

Yorsa Martinez.

EL PODER ES TUYO

"SOLO TÚ TIENES EL PODER DE DECIDIR LO QUE QUIERES HACER."

1

Comprendiendo la importancia de los cambios en la vida

"TODOS LOS CAMBIOS SON BUENOS"

La naturaleza de los cambios y su impacto en nuestro bienestar

Imagina por un momento un árbol, majestuoso y frondoso, que se mece con gracia al ritmo del viento. ¿Qué ves? Quizás veas su esplendor, su fortaleza, su belleza natural. Pero ¿has considerado alguna vez lo que yace bajo la superficie? Las raíces. Esas raíces que se extienden profundamente en la tierra, anclando al árbol firmemente en su lugar.

Así como el árbol, nuestras vidas están constantemente sometidas a cambios, algunos visibles, otros menos evidentes, pero igualmente significativos. Estos cambios, al igual que las raíces del árbol, tienen un impacto profundo en nuestro bienestar y nuestra felicidad.

Los cambios pueden ser como el viento, a veces suaves y reconfortantes, otras veces furiosos y desafiantes. Pero, independientemente de su naturaleza, cada cambio nos ofrece una oportunidad única: la oportunidad de crecer, de aprender, de adaptarnos.

¿Qué significado tienen los cambios en tu vida?

¿Los ves como obstáculos o como escalones hacia tu éxito y realización personal? Recuerda, cada cambio, por pequeño que sea, tiene el poder de transformar tu realidad, de llevarte un paso más cerca de tus sueños más profundos.

En este libro exploraremos juntos la naturaleza de los cambios y cómo su comprensión puede allanar el camino hacia una vida más plena y satisfactoria. Prepárate para descubrir el poder oculto en cada cambio, y cómo puedes aprovecharlo para impulsar tu bienestar y tu felicidad.

¿Por qué los pequeños cambios pueden marcar una gran diferencia?

Imagina una gota de agua cayendo suavemente sobre una superficie tranquila. ¿Qué efecto tiene esa pequeña gota? A simple vista, puede parecer insignificante, apenas un pequeño disturbio en la calma del agua. Pero observa más de cerca y descubrirás algo sorprendente: cada gota, por pequeña que sea, crea una serie de ondas que se expanden en círculos concéntricos, alcanzando cada vez más lejos.

Del mismo modo, los pequeños cambios en nuestras vidas pueden tener un impacto mucho mayor de lo que podríamos imaginar. A menudo subestimamos el poder transformador de las acciones aparentemente insignificantes, pero la verdad es que son estos pequeños cambios los que pueden marcar una gran diferencia en nuestro bienestar y nuestra felicidad.

¿Por qué es esto así, te preguntarás? La respuesta radica en la acumulación de estos pequeños cambios a lo largo del tiempo. Cada pequeña acción que tomamos, cada pequeño hábito que incorporamos se suma a nuestra experiencia y nos acerca un paso más hacia nuestros objetivos y sueños.

Además, los pequeños cambios son más fáciles de mantener y sostener a largo plazo. A diferencia de los cambios radicales que pueden resultar abrumadores y desalentadores, los pequeños cambios son más manejables y menos intimidantes.

Nos permiten progresar de manera constante y gradual, sin sentirnos abrumados por la magnitud del cambio que deseamos realizar.

En esta sección, exploraremos juntos por qué los pequeños cambios son muy poderosos y cómo puedes aprovechar su potencial para transformar tu vida. Te invito a abrir tu mente y tu corazón a la posibilidad de que cada pequeña acción que tomes pueda llevarte un paso más cerca de la vida que deseas vivir.

Estás a punto de descubrir el poder oculto en los pequeños cambios.

¿Estás listo para dar el primer paso hacia una vida más plena y satisfactoria?

Ejercicios prácticos

Ejercicio 1

Reflexiona sobre un área de tu vida en la que desees realizar un cambio.

-
_____
_____
_____
_____
_____
_____

Identifica tres pequeñas acciones que puedas hacer para iniciar este proceso de cambio.

1. -
_____
_____
_____

2. -
_____
_____
_____

3. -

_____

_____

_____

Ejercicio 2

Haz una lista de cinco acciones pequeñas que podrías realizar diariamente para avanzar hacia tus metas. Estas acciones deben ser simples y factibles de incorporar en tu rutina diaria. Comprométete a realizar al menos una de estas acciones cada día durante la próxima semana.

1. -

_____

_____

2. -

_____

_____

3. -

4. -

5. -

2

Rompiendo barreras mentales

"TU CEREBRO SOLO HARA LO QUE TU PIENSES"

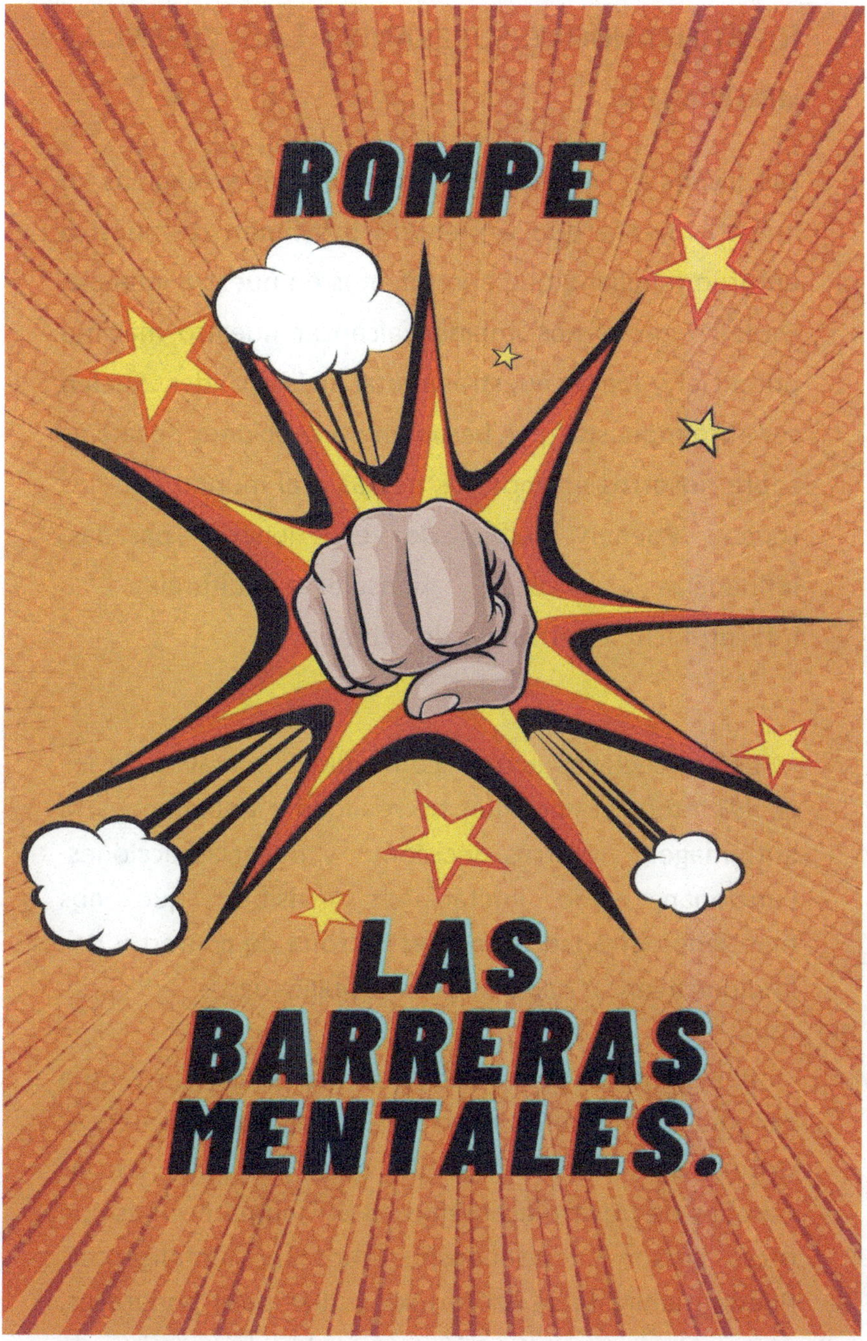
ROMPE
LAS
BARRERAS
MENTALES.

Identificando y superando las creencias limitantes

Las creencias limitantes son convicciones arraigadas en nuestra mente que a menudo provienen de nuestro entorno familiar y que aprendemos en nuestra infancia. Estas creencias nos impiden alcanzar nuestro máximo potencial y lograr nuestras metas más grandes. Suelen ser autoimpuestas y se basan en percepciones negativas sobre nosotros mismos, los demás o el mundo que nos rodea. Pueden surgir de experiencias pasadas, influencias sociales, mensajes culturales o interpretaciones erróneas de eventos.

Estas creencias actúan como filtros a través de los cuales interpretamos nuestra realidad y afectan nuestra autoimagen, nuestras decisiones y nuestras acciones. Funcionan como limitaciones invisibles que nos mantienen atrapados en nuestra zona de confort y nos impiden avanzar hacia nuevas posibilidades.

Por ejemplo, una creencia limitante común podría ser «no soy lo suficientemente inteligente para tener éxito». Esta creencia puede surgir de experiencias pasadas de fracaso académico o de comparaciones con otras personas que consideramos más inteligentes. Puede manifestarse en formas sutiles pero poderosas, como la procrastinación en la búsqueda de oportunidades educativas o el autosabotaje en situaciones que requieren habilidades cognitivas.

Otro ejemplo podría ser la creencia limitante de «no soy lo suficientemente bueno para ser amado». Esta creencia puede surgir de experiencias de rechazo o abandono en el pasado, y puede llevar a la autopercepción de ser indigno de amor y afecto.

Esto puede manifestarse en relaciones interpersonales con evitación de la intimidad o en la aceptación de relaciones poco saludables.

En resumen, las creencias limitantes son obstáculos invisibles que nos impiden alcanzar nuestro potencial completo. Reconocer, desafiar y superar estas creencias es fundamental para liberarnos del miedo y la duda que nos impiden avanzar hacia una vida plena y satisfactoria. Al reemplazar estas creencias limitantes con pensamientos más positivos y capacitantes, podemos abrirnos a nuevas posibilidades y desbloquear nuestro verdadero poder interior.

En nuestro viaje hacia la realización personal y el éxito, a menudo nos enfrentamos a obstáculos invisibles que pueden obstaculizar nuestro progreso. Estas creencias son como muros invisibles que construimos en nuestras mentes, limitando nuestra capacidad para alcanzar nuestro máximo potencial y lograr nuestras metas más grandes.

Identificar y superar estas creencias limitantes es fundamental para liberar nuestro verdadero poder y alcanzar el éxito que merecemos. En esta sección, exploraremos cómo puedes reconocer y desafiar estas creencias para controlar el miedo y librarte de la duda que te impiden avanzar. Recuerda, las creencias limitantes no se eliminan, se reemplazan por pensamientos positivos.

1. **Autoconciencia**: el primer paso para superar las creencias limitantes es tomar conciencia de ellas. Dedica tiempo a reflexionar sobre tus pensamientos y creencias más profundos. ¿Qué mensajes te repites a ti mismo una y otra vez? ¿Cuáles son tus miedos más profundos? Identifica cualquier pensamiento negativo o autocrítico que pueda estar limitando tu progreso.

2. **Cuestionamiento**: una vez que identifiques una creencia limitante, cuestiónala con valentía y honestidad. ¿Esta creencia está fundamentada en la realidad o es simplemente un producto de tus miedos y dudas? ¿Hay evidencia que respalde esta creencia, o es simplemente una suposición infundada? Cuestionar tus creencias te permite desafiar su validez y abrirte a nuevas posibilidades.

3. **Reformulación**: después de cuestionar una creencia limitante, es hora de reformularla en términos más positivos y capacitantes. Por ejemplo, si crees «nunca seré lo suficientemente bueno», reformula esa creencia como «estoy en constante crecimiento y aprendizaje, y estoy en camino de alcanzar mi máximo potencial». Al

reformular tus creencias de esta manera, cambias la narrativa interna de tu mente y te empoderas para alcanzar tus metas.

4. **Prueba de contradicción**: busca pruebas que contradigan tus creencias limitantes. ¿Conoces a alguien que haya superado los mismos obstáculos que tú enfrentas? ¿Puedes recordar momentos en tu propia vida en los que hayas desafiado con éxito una creencia limitante y logrado un resultado positivo? Estas pruebas de contradicción te ayudarán a desafiar la validez de tus creencias limitantes y a fortalecer tu confianza en ti mismo.

5. **Afirmaciones positivas**: cultiva una práctica regular de afirmaciones positivas para reforzar tu autoestima y autoconfianza. Crea afirmaciones que desafíen tus creencias limitantes y refuercen una mentalidad de crecimiento y empoderamiento. Repite estas afirmaciones diariamente, visualizando cómo se vuelven realidad en tu vida.

Recuerda que superar las creencias limitantes es un proceso continuo que requiere práctica y perseverancia. Con conciencia, cuestionamiento y acción deliberada, puedes liberarte del miedo y la duda que te impiden alcanzar tu máximo potencial.

¡Confía en ti mismo y en tu capacidad para superar cualquier obstáculo en tu camino hacia el éxito!

Estrategias para cultivar una mentalidad de crecimiento

Una mentalidad de crecimiento es la creencia fundamental de que nuestras habilidades, talentos y capacidades pueden desarrollarse a través del esfuerzo, la práctica y la perseverancia. En contraste con una mentalidad fija, que ve nuestras cualidades como fijas e inmutables, una mentalidad de crecimiento nos permite abrazar los desafíos, aprender de los fracasos y alcanzar nuestro máximo potencial. Cultivar una mentalidad de crecimiento es esencial para superar las creencias limitantes y alcanzar el éxito en cualquier área de la vida. Aquí tienes algunas estrategias prácticas para fortalecer tu mentalidad de crecimiento:

1. **Abraza el poder del «todavía»**: en lugar de ver los desafíos como obstáculos insuperables, adopta una mentalidad de «todavía no». Por ejemplo, en lugar de decir «no puedo hacer esto», di «todavía no puedo hacer esto, estoy aprendiendo y mejorando cada día». En lugar de decir «no tengo dinero», puedes decir «en este momento, el dinero que tengo no es para eso». Esta perspectiva te permite ver los desafíos como oportunidades para crecer y desarrollarte.

2. **Aprende de los fracasos**: en lugar de temer al fracaso, míralo como una oportunidad para aprender y crecer. Reflexiona sobre tus fracasos pasados y busca lecciones y oportunidades de mejora en ellos. Reconoce que el fracaso es parte del proceso de aprendizaje y te acerca más a tus metas si lo utilizas como un trampolín para el crecimiento. Míralo de esta manera: si nunca fracasas ni te equivocas, jamás sabrás hacerlo de otra manera. Por eso es importante equivocarse; así siempre buscarás crecer y encontrarás una mejor manera.

3. **Cambia tu lenguaje interno**: presta atención a la forma en que hablas contigo mismo en tu diálogo interno. En lugar de usar palabras como «no puedo» o «nunca podré», cámbialas por afirmaciones más positivas y capacitantes como «estoy aprendiendo» o «estoy en camino de mejorar». Esto te ayudará a fortalecer tu mentalidad de crecimiento y a desarrollar una actitud más positiva hacia los desafíos.

4. **Cultiva la perseverancia**: la perseverancia es clave para cultivar una mentalidad de crecimiento. Establece metas desafiantes pero alcanzables y comprométete a trabajar hacia ellas con determinación y persistencia.

Reconoce que el progreso puede ser lento y a veces difícil, pero cada paso que das te acerca más a tus metas si te mantienes enfocado y perseverante. Si el camino es fácil, no será divertido; los obstáculos forman parte del crecimiento, ellos te hacen más fuerte.

5. **Rodéate de modelos a seguir**: busca inspiración en personas que encarnen una mentalidad de crecimiento y que hayan logrado el éxito a través del esfuerzo y la perseverancia. Lee biografías, escucha podcasts o busca mentores que te inspiren y te motiven a seguir adelante en tu propio viaje de crecimiento y desarrollo personal.

Recuerda que cultivar una mentalidad de crecimiento es un proceso continuo que requiere práctica y dedicación. Con conciencia y esfuerzo deliberado, puedes liberarte de las creencias limitantes y alcanzar tu máximo potencial.

¡Confía en ti mismo y en tu capacidad para crecer y prosperar en cualquier situación que se presente!

Ejercicios prácticos

Ejercicio 1: Reencuadre de pensamientos limitantes

Identifica una creencia limitante que tengas sobre ti mismo o tus capacidades. Luego, desafía esa creencia escribiendo evidencia que la contradiga y desarrollando afirmaciones positivas para reemplazarla. Por ejemplo, si crees «no soy lo suficientemente inteligente para tener éxito», busca evidencia de momentos en los que hayas demostrado inteligencia o aprendizaje. Desarrolla afirmaciones como «soy capaz de aprender y crecer en cualquier situación» o «mi inteligencia se desarrolla con el esfuerzo y la práctica constante».

Ejercicio 2: Visualización de éxito

Dedica tiempo cada día a visualizar claramente el logro de tus metas y sueños más grandes. Imagina todos los detalles de tu éxito: cómo te sentirías, cómo se vería tu vida y cómo celebrarías tus logros. Utiliza esta visualización para reforzar tu mentalidad de crecimiento y motivarte a tomar acción hacia tus objetivos y disfruta, saborea el proceso.

Ejercicio 3: REGISTRO DE LOGROS DIARIOS

Lleva un registro diario de tus logros y éxitos, por más pequeños que sean. Esto podría incluir acciones que tomaste para desafiar tus creencias limitantes, superar obstáculos o avanzar hacia tus metas. Al final de cada día, tómate un momento para reflexionar sobre tus logros y reconocer tu progreso. Recuerda que el objetivo de estos ejercicios es fortalecer tu mentalidad de crecimiento y ayudarte a superar las creencias limitantes que te impiden alcanzar tu máximo potencial.

¡Confía en ti mismo y en tu capacidad para crecer y prosperar en cualquier situación que enfrentes!

3
EL PODER DE LOS HÁBITOS

"CADA NUEVO HÁBITO ES UN PASO HACIA UNA MEJOR VERSIÓN DE TI MISMO."

POWER

SOY SUFICIENTE.

Entendiendo cómo se forman y mantienen los hábitos

¿Qué son los hábitos? Son patrones automáticos de comportamiento que adquirimos a lo largo del tiempo a través de la repetición. Acciones que realizamos de forma casi inconsciente, sin necesidad de una deliberación consciente. Estos comportamientos se vuelven parte de nuestra rutina diaria y pueden tener un impacto significativo en nuestra vida, desde nuestra salud física y mental hasta nuestro rendimiento en el trabajo y nuestras relaciones interpersonales.

Los hábitos son comportamientos automáticos que realizamos regularmente, muchas veces sin siquiera ser conscientes de ellos. Desde cepillarnos los dientes por la mañana hasta revisar nuestro teléfono antes de dormir, los hábitos influyen en gran medida en nuestra vida cotidiana y en nuestra capacidad para alcanzar nuestros objetivos.

Los hábitos pueden ser tanto positivos como negativos. Los hábitos positivos son aquellos que contribuyen a nuestro bienestar y éxito, como hacer ejercicio regularmente, mantener una dieta saludable, leer libros, practicar la gratitud o dedicar tiempo a nuestras pasiones y hobbies. Estos hábitos pueden fortalecernos, mejorar nuestra calidad de vida y acercarnos a nuestras metas y aspiraciones.

Por otra parte, los hábitos negativos son comportamientos que nos perjudican o nos impiden alcanzar nuestro potencial completo. Esto puede incluir hábitos como fumar, consumir alcohol en exceso, comer en exceso, procrastinar, el pensamiento negativo o el desperdicio de tiempo en actividades no productivas. Estos hábitos pueden tener efectos adversos en nuestra salud física y mental, en nuestras relaciones y en nuestro rendimiento general, sobre todo en el logro de las metas.

Los hábitos se forman a través de un proceso gradual que implica la repetición constante de una acción en respuesta a ciertas señales o estímulos. Con el tiempo, esta repetición crea conexiones neuronales en nuestro cerebro que refuerzan el comportamiento y lo hacen más automático y arraigado en nuestra rutina diaria.

Es importante tener en cuenta que los hábitos pueden ser modificados y cambiados a lo largo del tiempo. Al comprender cómo se forman los hábitos y cómo funcionan en nuestro cerebro, podemos tomar medidas conscientes para reemplazar hábitos no deseados con pequeños cambios que te ayudaran a mejorar tu comportamiento para que sean más saludables y positivos. A través de la práctica deliberada y el compromiso, podemos cultivar hábitos que nos ayuden a vivir una vida más plena, satisfactoria y en línea con nuestros valores y metas personales.

Para comprender cómo se forman y mantienen los hábitos, es importante explorar el ciclo del hábito, un proceso que consta de tres componentes principales: la señal, la rutina y la recompensa. Aquí te lo explico más detalladamente:

1. **La señal**: este es el desencadenante que inicia el hábito. Puede ser cualquier cosa que despierte una respuesta automática en ti, como una hora específica del día, un lugar, una emoción o una acción específica. Por ejemplo, sentir hambre (señal) puede desencadenar el hábito de comer un refrigerio.

2. **La rutina**: la rutina es la acción o comportamiento que realizas en respuesta a la señal. Esta es la parte del hábito que es observable y repetitiva. Por ejemplo, si la señal es sentir hambre, la rutina podría ser ir a la cocina y buscar algo para comer.

3. **La recompensa**: la recompensa es la gratificación o satisfacción que experimentas como resultado de realizar la rutina. Esta puede ser física, emocional o mental. Por ejemplo, la recompensa de comer un refrigerio podría ser satisfacer tu hambre o disfrutar del sabor del alimento.

Una vez que entiendes el ciclo del hábito, puedes comenzar a identificar patrones en tus propios comportamientos y a trabajar para cambiar hábitos no deseados o desarrollar nuevos hábitos positivos. Aquí algunas estrategias para hacerlo:

1. **Identifica las señales**: presta atención a las señales que desencadenan tus hábitos existentes. Lleva un registro de cuándo, dónde y por qué ocurren estas señales para comprender mejor tus patrones de comportamiento.

   Esto te va a ayudar a conocerte más y encontrar esos hábitos que quieres cambiar.

2. **Modifica la rutina**: una vez que hayas identificado las señales que desencadenan tus hábitos, busca formas de modificar la rutina asociada con ellos. Por ejemplo, si fumar un cigarrillo es tu rutina después de una comida (señal), intenta reemplazarlo con una actividad diferente, como tomar un breve paseo. Eso sí, recuerda siempre que debe ser una actividad que te agrade y disfrutes.

3. **Encuentra una recompensa alternativa**: identifica la recompensa que obtienes de tus hábitos actuales y busca formas alternativas de satisfacer esa necesidad. Por ejemplo, si revisar las redes sociales antes de dormir te brinda una sensación de relajación, considera practicar la meditación o leer un libro como alternativa. Hoy día sabemos que es importante tener presencia en las redes sociales, puedes hacer el esfuerzo de que no sea el teléfono lo último que veas antes de dormir. Cierra tu día con un buen libro, una meditación o tal vez algo que te cause risa, eso también ayuda a que duermas más relajado.

4. **Practica la autoconciencia**: cultiva la autoconciencia y la atención plena en tus hábitos diarios. Toma nota de cómo te sientes antes, durante y después de realizar ciertos comportamientos con estos nuevos hábitos para que puedas mejorar tus motivaciones y necesidades subyacentes.

Al comprender cómo se forman y mantienen los hábitos, puedes tomar medidas conscientes para cambiar aquellos que ya no te sirven y cultivar nuevos hábitos que te acerquen a tus metas y aspiraciones más profundas. Recuerda que el cambio de hábitos lleva tiempo y esfuerzo, pero con determinación y compromiso, puedes transformar tu vida de manera significativa. Recuerda siempre que son pequeños hábitos los que marcarán la diferencia en tu vida.

IMPLEMENTANDO NUEVOS HÁBITOS PARA IMPULSAR TU BIENESTAR Y ÉXITO

Ahora que comprendemos la naturaleza de los hábitos y cómo se forman, es el momento de explorar cómo podemos implementar nuevos hábitos que nos impulsen hacia el bienestar y el éxito. Cultivar hábitos positivos puede transformar radicalmente nuestra vida, permitiéndonos alcanzar nuestras metas, mejorar nuestra salud y disfrutar de una mayor satisfacción en todas las áreas.

Aquí tienes algunas estrategias efectivas para implementar nuevos hábitos de manera exitosa:

1. **Identifica tus objetivos**: antes de comenzar a trabajar en la implementación de nuevos hábitos, es importante tener claridad sobre tus objetivos y aspiraciones. Reflexiona sobre lo que realmente deseas lograr en diferentes áreas de tu vida, ya sea salud, profesión, relaciones o desarrollo personal.

2. **Selecciona hábitos alineados con tus objetivos**: una vez que hayas identificado tus objetivos, elige hábitos que estén directamente relacionados con ellos. Por ejemplo, si tu objetivo es mejorar tu salud física, puedes adoptar hábitos como hacer ejercicio regularmente, comer alimentos saludables y practicar la meditación para reducir el estrés.

3. **Comienza con pequeños cambios**: cuando se trata de implementar nuevos hábitos, es más efectivo comenzar con cambios pequeños y alcanzables. Esto te permite establecer una base sólida y ganar impulso antes de abordar hábitos más desafiantes. Por ejemplo, si deseas comenzar a hacer ejercicio regularmente, comienza con solo 10 minutos al día y aumenta gradualmente la duración y la intensidad a medida que te sientas más cómodo.

4. **Establece recordatorios y rutinas**: crea recordatorios visuales o auditivos para tus nuevos hábitos y establece rutinas que te ayuden a integrarlos en tu vida diaria. Por ejemplo, si deseas establecer el hábito de la lectura diaria, elige un momento específico del día, como antes de acostarte, y configura un recordatorio en tu teléfono o coloca un libro en tu mesita de noche.

5. **Mantén la consistencia**: la consistencia es clave para establecer nuevos hábitos de manera efectiva. Comprométete a practicar tus nuevos hábitos todos los días, incluso cuando no te sientas motivado. Recuerda que la motivación puede ser fluctuante, pero la consistencia es lo que te llevará al éxito a largo plazo.

6. **Celebra tus logros**: reconoce y celebra tus logros a lo largo del camino. Cada pequeño paso hacia la implementación de nuevos hábitos es un logro que te acerca más a tus metas. Reconocer tu progreso te motiva a seguir adelante y te ayuda a mantener la motivación y el impulso. Al implementar nuevos hábitos, recuerda que se trata de un proceso lento y que requiere paciencia, perseverancia y compromiso. Con enfoque y determinación, puedes cultivar hábitos que te impulsen hacia el bienestar y el éxito en todas las áreas de tu vida.

¡Confía en ti mismo y en tu capacidad para transformar tus hábitos y alcanzar tus metas más grandes!

Ejercicios prácticos

Ejercicio 1: Planificación de acciones específicas

Crea un plan detallado de las acciones específicas que tomarás para incorporar el nuevo hábito en tu vida. Establece metas claras y alcanzables para cada paso del proceso y asigna plazos realistas. Comprométete a seguir este plan con determinación y consistencia.

Ejercicio 2: Registro de progreso diario

Lleva un registro diario de tu progreso en la incorporación del nuevo hábito. Utiliza una agenda, una aplicación o simplemente un cuaderno para anotar cada vez que realizas el hábito y cualquier pensamiento o emoción que experimentes en relación con él. Esto te ayudará a mantenerte enfocado y a evaluar tu progreso a lo largo del tiempo. Y si por alguna razón sientes que abandonas, vuelve a empezar.

Ejercicio 3: revisión y ajuste del plan

Programa momentos para revisar y ajustar tu plan de incorporación de hábitos según sea necesario. Reflexiona sobre tu progreso, identifica cualquier obstáculo o desafío que hayas enfrentado y haz ajustes en tu enfoque según sea necesario para mantener el impulso y la motivación.

Recuerda que la incorporación de nuevos hábitos lleva tiempo y esfuerzo, pero con compromiso y dedicación, puedes lograr cambios significativos en tu vida. Utiliza estos ejercicios prácticos para mantener el enfoque y la motivación mientras trabajas para convertir tus objetivos en hábitos arraigados y duraderos.

¡Estás en el camino hacia una vida más plena y satisfactoria!

4
Identificando tus sueños y metas

"CADA META TRAZADA ES UN PASO MÁS CERCA DE TU DESTINO SOÑADO."

MAPA DE SUEÑOS

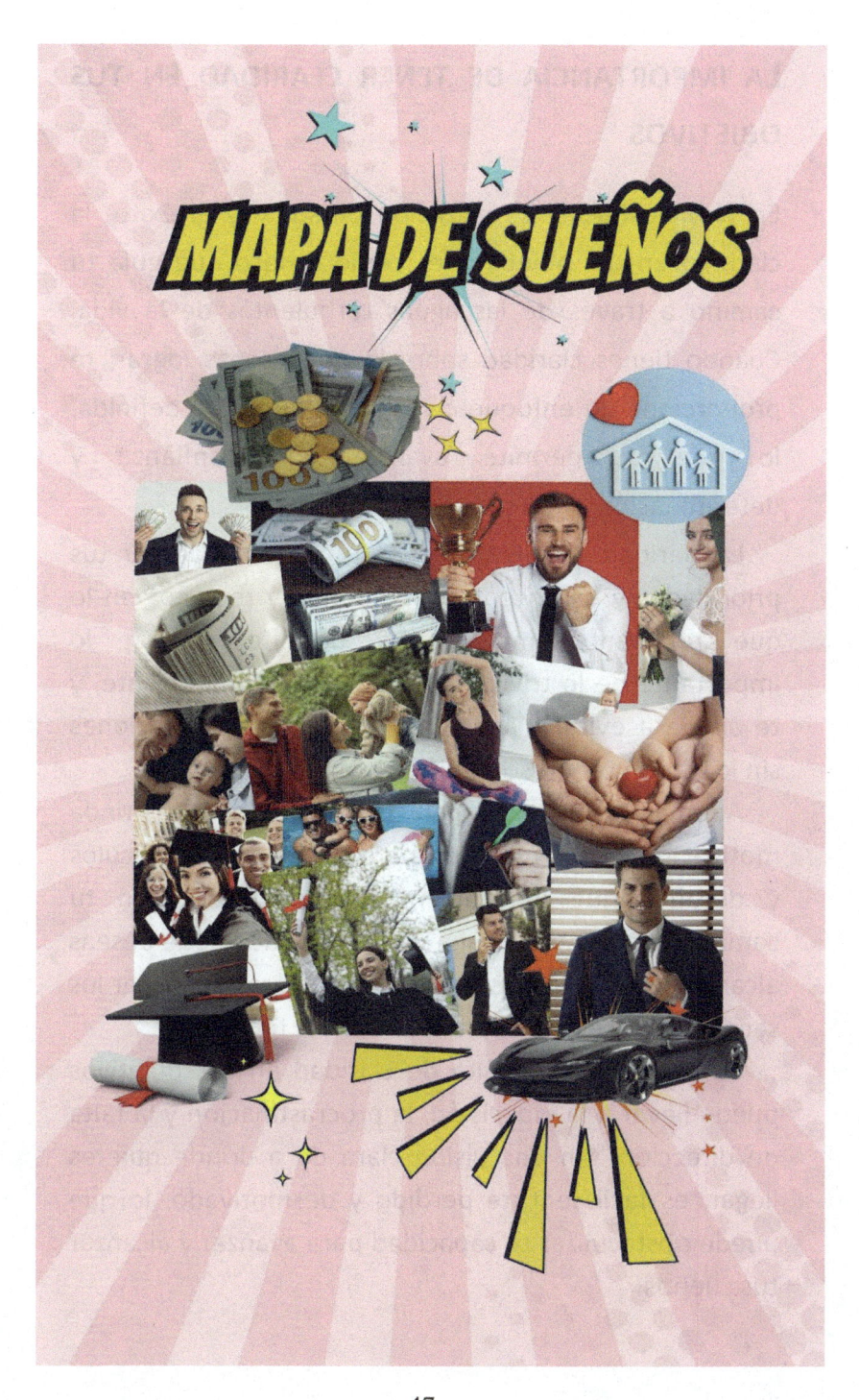

La importancia de tener claridad en tus objetivos

En el viaje hacia la realización personal y el éxito, la claridad en tus objetivos es como el faro que guía tu camino a través de las aguas turbulentas de la vida. Cuando tienes claridad sobre lo que deseas lograr, te proporciona un enfoque claro y una dirección definida, lo que te permite avanzar con confianza y determinación hacia tus sueños.

La claridad en tus objetivos te ayuda a definir tus prioridades y a concentrar tu energía y recursos en lo que realmente importa. Te permite separar lo importante de lo trivial, lo urgente de lo importante, y te ayuda a evitar dispersarte en múltiples direcciones sin lograr un progreso significativo.

Además, la claridad en tus objetivos te brinda motivación y determinación para superar los obstáculos y desafíos que inevitablemente encontrarás en tu camino. Cuando tienes una visión clara de lo que deseas alcanzar, estás más dispuesto a perseverar y a hacer los sacrificios necesarios para alcanzar tus metas.

Por otro lado, la falta de claridad en tus objetivos puede llevar a la indecisión, la procrastinación y la falta de dirección. Sin una visión clara de a dónde quieres llegar, es fácil sentirte perdido y desmotivado, lo que puede obstaculizar tu capacidad para avanzar y alcanzar tus sueños.

En este viaje hacia la realización personal, te animo a tomarte el tiempo necesario para reflexionar sobre tus objetivos y sueños más profundos. Hazte preguntas importantes como: ¿Qué es lo que realmente quiero lograr en mi vida? ¿Cuáles son mis valores y prioridades fundamentales? ¿Qué acciones puedo tomar hoy para acercarme a mis metas?

Recuerda: la claridad en tus objetivos es el primer paso crucial hacia la manifestación de tus sueños más grandes. Permítete soñar en grande y luego comprométete a dar pasos concretos hacia la realización de esos sueños. Con claridad, enfoque y determinación, estás destinado a alcanzar alturas que antes solo podías imaginar.

Herramientas prácticas para definir tus sueños y metas personales y profesionales

Definir tus sueños y metas personales y profesionales es un paso fundamental en el camino hacia la realización personal y el éxito. Sin una dirección clara, es difícil saber hacia dónde dirigir tus esfuerzos y energía. Recuerda siempre que donde pones tu atención, pones tu energía. En esta sección, exploraremos algunas herramientas prácticas que te ayudarán a definir tus sueños y metas de manera clara y específica.

Definir tus sueños y metas personales y profesionales es como trazar el mapa de un viaje emocionante hacia la vida que deseas vivir.

Es el primer paso crucial en el camino hacia la realización personal y el éxito. Imagina que estás planeando un viaje por carretera: sin un destino claro en mente, es fácil perderse en el camino o quedarse estancado en un lugar que no te hace feliz.

Al definir tus sueños y metas, estás creando un destino final hacia el cual dirigir tus esfuerzos y energía. Esto te brinda un sentido de propósito y dirección en la vida. Cuando tienes una visión clara de lo que quieres lograr, te sientes más motivado y comprometido a tomar acción para hacer realidad esos sueños.

Sin embargo, definir tus sueños y metas puede resultar abrumador si no sabes por dónde empezar. Es como mirar un lienzo en blanco y

preguntarte qué obra de arte crear. ¿Qué puedo hacer? Es por eso por lo que, en esta sección, exploraremos algunas herramientas prácticas que te ayudarán a dar forma y estructura a tus aspiraciones:

1. **Consulta a expertos**: busca orientación y asesoramiento de expertos en el campo en el que deseas crecer o mejorar. Habla con personas que hayan alcanzado el éxito en áreas similares y aprende de su experiencia y consejos. Esto te ayudará a obtener una perspectiva más clara y realista sobre lo que se necesita para alcanzar tus metas.

2. **Análisis FODA**: realiza un análisis FODA (Fortalezas, Oportunidades, Debilidades y Amenazas) para evaluar tu situación actual y tus posibilidades futuras.

3. Identifica tus fortalezas y debilidades internas, así como las oportunidades y amenazas externas que podrían afectar tu capacidad para alcanzar tus metas. Esto te ayudará a definir metas realistas y factibles que aprovechen tus fortalezas y minimicen tus debilidades.

4. **Visualización creativa**: toma un momento para cerrar los ojos y visualizar claramente cómo sería tu vida si ya hubieras alcanzado tus sueños y metas. ¿Dónde estarías? ¿Qué estarías haciendo? ¿Cómo te sentirías emocionalmente? Utiliza esta visualización para obtener claridad sobre lo que realmente deseas en la vida y utiliza esos detalles para definir tus metas de manera más específica.

5. **Mapa de sueños**: crea un «mapa de sueños» utilizando imágenes, palabras y símbolos que representen tus sueños y metas. Esto puede ser una forma poderosa de visualizar tus aspiraciones y mantenerlas presentes en tu mente. Coloca tu mapa de sueños en un lugar visible donde puedas verlo todos los días para recordarte tus objetivos.

6. **Listado de metas SMART**: utiliza el enfoque SMART (Específicas, Medibles, Alcanzables, Relevantes y con un Tiempo Definido) para definir tus metas de manera más clara y específica. Por ejemplo, en lugar de decir «quiero ser más saludable», podrías decir:

«quiero perder 5 kilos en los próximos tres meses siguiendo una dieta equilibrada y haciendo ejercicio regularmente».

7. **Diario de metas**: mantén un diario de metas donde puedas registrar tus sueños, metas y progreso hacia ellas. Dedica unos minutos cada día a escribir sobre tus metas, los pasos que estás tomando para alcanzarlas y cualquier obstáculo que encuentres en el camino. Esto te ayudará a mantener tus metas presentes en tu mente y a mantenerte enfocado en tu camino.

8. **Conversaciones de clarificación**: habla con amigos, familiares o mentores de confianza sobre tus sueños y metas. A veces, expresar tus metas en voz alta puede ayudarte a clarificar tus pensamientos y obtener perspectivas útiles de quienes te rodean.

Recuerda, tus sueños y metas son únicos para ti, y es importante que los definas de manera que resuenen con tu verdadero ser. Utiliza estas herramientas prácticas para explorar tus deseos más profundos y definir metas que te inspiren y te motiven a alcanzar tu máximo potencial.

Ejercicios prácticos

Ejercicio 1: la visualización

La visualización es una técnica poderosa que implica imaginar vívidamente una situación, evento o resultado deseado en tu mente. Al visualizar, activas tus sentidos internos para experimentar la realidad deseada de una manera más profunda y realista. Aquí tienes una guía paso a paso para hacer este ejercicio:

1. **Encuentra un lugar tranquilo**: busca un lugar tranquilo donde puedas sentarte o acostarte cómodamente sin distracciones. Esto podría ser en tu casa, en la naturaleza o en cualquier otro lugar donde te sientas relajado y seguro.

2. **Relájate**: antes de comenzar la visualización, tómate unos minutos para relajar tu cuerpo y calmar tu mente. Puedes hacerlo mediante técnicas de respiración profunda, meditación o cualquier otra práctica de relajación que te resulte cómoda.

3. **Visualiza con detalle**: cierra los ojos y comienza a visualizar claramente la situación, evento o resultado que deseas experimentar en tu mente. Utiliza todos tus sentidos para hacer la visualización lo más vívida posible. ¿Qué ves a tu alrededor? ¿Qué escuchas?

¿Qué sientes en tu cuerpo? ¿Qué aromas percibes? ¿Qué sabores experimentas?

4. **Imagina el proceso**: no te limites solo a visualizar el resultado final, sino que también imagina el proceso necesario para alcanzar ese resultado. Visualiza los pasos que debes tomar, los obstáculos que podrías encontrar y cómo los superarías con éxito. Imagina cada detalle del proceso con confianza y determinación.

5. **Siente las emociones**: a medida que visualizas, permite que las emociones positivas asociadas con el logro de tus objetivos fluyan libremente. Siente la alegría, la gratitud, la confianza y la satisfacción que experimentarías al hacer realidad tus sueños. Deja que estas emociones te impulsen y motiven a seguir adelante.

6. **Mantén la práctica regularmente**: la visualización es más efectiva cuando se realiza de manera regular. Dedica tiempo todos los días para practicar la visualización, idealmente por unos 10-15 minutos cada vez. Cuanto más practiques, más fácil será para ti visualizar con claridad y sentir las emociones positivas asociadas con tus sueños y metas. Recuerda que la visualización no es solo una fantasía pasiva, sino una herramienta poderosa para programar tu mente subconsciente y orientarte hacia el logro de tus objetivos.

¡Disfruta del proceso y confía en que estás creando la realidad que deseas vivir!

Ejercicio 2: Mapa de sueños

Un «mapa de sueños», también conocido como Tablero de Visiones o *Vision Board* en inglés, es una herramienta visual que te ayuda a representar tus sueños, metas y aspiraciones de manera creativa y tangible. Consiste en una colección de imágenes, palabras, citas inspiradoras y cualquier otro elemento que represente tus objetivos y deseos más profundos. Este mapa actúa como una poderosa herramienta de manifestación, ayudándote a clarificar tus objetivos, mantenerlos presentes en tu conciencia y trabajar hacia ellos con enfoque y determinación.

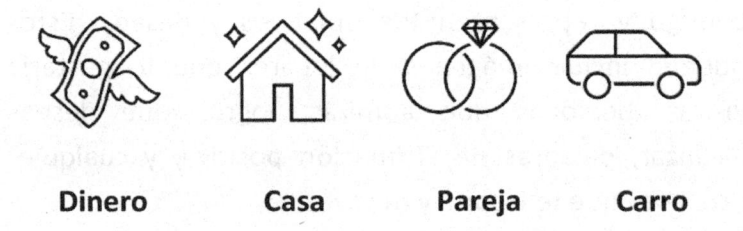

| **Dinero** | **Casa** | **Pareja** | **Carro** |

Pasos para crear un mapa de sueños:

1. **Reflexión y claridad**: antes de empezar, tómate un tiempo para reflexionar sobre tus sueños, metas y aspiraciones en todas las áreas de tu vida: carrera, salud, relaciones, crecimiento personal, etc. Define con claridad qué es lo que realmente deseas lograr y cómo te sentirías al alcanzar esos objetivos.

   Recolección de materiales: reúne materiales para tu Mapa de Sueños. Esto puede incluir revistas, periódicos, imágenes impresas de Internet, fotografías personales, recortes de

   papel, cartulinas o tableros de corcho, tijeras, pegamento, marcadores, lápices de colores, y cualquier otro material que te inspire y te ayude a expresar visualmente tus sueños y metas.

2. **Selección de elementos**: explora tus materiales y selecciona imágenes, palabras y citas que resuenen contigo y representen tus objetivos y deseos. Estos pueden incluir imágenes de lugares que te gustaría visitar, personas que admiras, logros que deseas alcanzar, palabras de afirmación positiva, y cualquier otra cosa que te inspire y motive.

3. **Creación del mapa**: ahora es el momento de empezar a construir tu Mapa de Sueños. Utiliza una cartulina grande, un tablero de corcho o cualquier otro soporte que te guste. Organiza tus elementos seleccionados de manera creativa en el espacio disponible, creando un collage visual que represente tus sueños y metas. Puedes organizar los elementos por categorías (por ejemplo, carrera, salud, relaciones) o de la manera que más te resuene.

4. **Personalización y creatividad**: no tengas miedo de ser creativo y personalizar tu Mapa de Sueños según tus gustos y preferencias. Puedes agregar dibujos, pinturas, collages de texturas, o cualquier otra técnica artística que te inspire. Asegúrate de que tu mapa refleje auténticamente quién eres y lo que deseas lograr en la vida.

5. **Colocación y visualización**: una vez que hayas terminado tu Mapa de Sueños, colócalo en un lugar donde puedas verlo con frecuencia, como tu dormitorio, tu área de trabajo o cualquier otro lugar donde pases tiempo regularmente. Tómate unos minutos cada día para mirar tu mapa, visualizar tus sueños y metas como si ya se hubieran cumplido, y conectar con la energía y la emoción de vivir esa realidad.

Beneficios del mapa de sueños

- **Clarificación de objetivos**: el proceso de crear un mapa de sueños te ayuda a clarificar tus objetivos y deseos más profundos.

- **Enfoque y determinación**: al ver tus sueños representados de manera visual, te ayuda a mantener el enfoque y la determinación en el camino hacia tus metas.

Manifestación: utilizar un mapa de sueños como una herramienta de visualización puede ayudarte a manifestar tus sueños y convertirlos en realidad.

- **Inspiración diaria**: Al colocar tu mapa en un lugar visible, te sirve como una fuente constante de inspiración y motivación en tu vida diaria.

¡Espero que estos pasos te ayuden a crear un mapa de sueños significativo y poderoso que te inspire a alcanzar tus sueños y metas más profundos!

EJERCICIO 3: La Acción.

PEGA AQUÍ TU MAPA DE SUEÑOS

PEGA AQUÍ TU MAPA DE SUEÑOS

PEGA AQUÍ TU MAPA DE SUEÑOS

5
CREANDO TU PLAN DE CAMBIO

"TU CEREBRO ES MAS EFICIENTE QUE INTELIGENTE"

¡CONFÍO EN MI Y EN MI CAPACIDAD PARA SUPERAR CUALQUIER OBSTÁCULO EN MI CAMINO HACIA EL ÉXITO!

Diseñando un plan personalizado para introducir pequeños cambios significativos en tu vida

Ahora que has explorado y comprendido la naturaleza de los hábitos, cómo se forman y mantienen, e incluso has aprendido estrategias para implementar nuevos hábitos, es el momento de diseñar un plan personalizado para introducir pequeños cambios significativos en tu vida. Estos pequeños cambios pueden tener un impacto poderoso a largo plazo, transformando gradualmente tus hábitos, tu bienestar y tu sentido de realización.

Aquí tienes una guía paso a paso para diseñar tu plan personalizado:

1. **Reflexiona sobre tus metas y valores**: tómate un tiempo para reflexionar sobre lo que realmente deseas lograr en tu vida y cuáles son tus valores fundamentales. ¿Qué es lo más importante para ti? ¿Qué metas te gustaría alcanzar en diferentes áreas de tu vida, como salud, relaciones, profesión y desarrollo personal?

2. **Identifica áreas de mejora**: examina de forma crítica tu vida e identifica áreas en las que te gustaría introducir cambios positivos. ¿Hay hábitos que te gustaría dejar atrás? ¿Hay nuevos hábitos que te gustaría adoptar?

Haz una lista de estos cambios potenciales y priorízalos según su importancia y viabilidad.

3. **Establece objetivos claros y alcanzables**: con base en las áreas identificadas que quieres mejorar, establece objetivos claros y específicos que te gustaría alcanzar. Asegúrate de que estos objetivos sean alcanzables y realistas, pero lo suficientemente desafiantes como para motivarte a seguir adelante. Por ejemplo, si deseas mejorar tu salud física, un objetivo específico podría ser «hacer ejercicio durante al menos 30 minutos al día».

4. **Desarrolla un plan de acción**: crea un plan detallado de las acciones específicas que tomarás para alcanzar tus objetivos. Divide cada objetivo en pasos más pequeños y concretos y establece plazos realistas para cada paso. Considera qué recursos, habilidades o apoyo adicional podrías necesitar para llevar a cabo tu plan de acción de manera efectiva.

5. **Utiliza la técnica de «anclaje»**: aplica la técnica de «anclaje» para asociar tus nuevos hábitos con acciones o rutinas existentes. Esto te ayudará a integrar los nuevos hábitos de manera más natural en tu vida diaria. Por ejemplo, si deseas establecer el hábito de la meditación, podrías asociarlo con tu rutina matutina de cepillarte los dientes, meditando durante unos minutos después de cepillarte.

6. **Mantén la flexibilidad y la adaptabilidad**: reconoce que el cambio es un proceso gradual y que es posible que encuentres obstáculos o contratiempos en el camino. Mantén la flexibilidad y la adaptabilidad a medida que avanzas en tu plan, y ajusta tu enfoque según sea necesario para superar cualquier desafío que surja. Recuerda que siempre encontrarás obstáculos en el camino, solo mantén tu enfoque.

7. **Celebra tus logros**: celebra tus logros a lo largo del proceso. Cada pequeño paso que das hacia tus objetivos es un logro que te acerca mucho más a la vida que deseas. Tómate un momento para celebrar tu progreso y reconoce el esfuerzo que has invertido en tu crecimiento personal. Te lo mereces.

Al diseñar un plan personalizado para introducir pequeños cambios significativos en tu vida, estás tomando el control de tu propio destino y creando la vida que deseas vivir. Con determinación, compromiso y una estrategia clara, puedes transformar gradualmente tus hábitos, tu bienestar y tu sentido de realización.

¡Buena suerte en tu camino hacia el logro de tus objetivos!

Estableciendo metas alcanzables y medibles

Una parte fundamental para lograr cualquier cambio significativo en tu vida es establecer metas alcanzables y medibles. Estas metas te proporcionan una dirección clara y te ayudan a mantener el enfoque y la motivación a medida que trabajas para alcanzar tus objetivos. Aquí te guiaré a través de los pasos para establecer metas efectivas:

1. **Sé específico**: en lugar de establecer metas vagas o generales, sé lo más específico posible sobre lo que deseas lograr. Esto te ayudará a entender claramente qué acciones necesitas tomar para alcanzar tu objetivo.

   Por ejemplo, en lugar de decir «quiero ponerme en forma», podrías decir «quiero correr un maratón en seis meses», o si quieres comprar una casa, escribe de forma detallada cómo quieres cada espacio de la casa, tal cual como la quieres, zona, color, número de habitaciones, sé lo más específico posible.

2. **Haz que sean medibles**: las metas deben ser cuantificables para que puedas medir tu progreso y saber cuándo las has alcanzado. Define indicadores claros que te permitan evaluar tu avance hacia tu objetivo. Por ejemplo, en lugar de decir «quiero perder peso»,

podrías decir «quiero perder 5 kilogramos en tres meses». Esto hace que tu cerebro trabaje en función de un número y una fecha, haciendo más efectivo el proceso.

3. **Establece plazos**: asigna plazos realistas para tus metas para darte una estructura temporal y mantener la urgencia. Establecer plazos te ayuda a mantenerte enfocado y te brinda un sentido de logro a medida que alcanzas hitos a lo largo del camino. Por ejemplo, podrías decir «quiero ahorrar $1000 en seis meses». Nunca te pongas plazos que no puedas cumplir.

4. **Hazlas alcanzables**: asegúrate de que tus metas sean alcanzables y realistas en función de tus circunstancias y recursos disponibles. Establecer metas demasiado ambiciosas o inalcanzables puede generar frustración y desmotivación. Por ejemplo, si nunca has corrido antes, establecer como meta correr un maratón en un mes puede ser poco realista.

   No te mientas, la idea es que trabajes en función de lo que quieres y puedas lograrlo disfrutando el proceso.

5. **Divide en pasos más pequeños**: desglosa tus metas en pasos más pequeños y manejables. Esto te ayudará a mantenerte enfocado en las acciones que necesitas tomar en el día a día para avanzar hacia tu objetivo final. Por ejemplo, si tu meta es escribir un libro, podrías desglosarla en escribir un número específico de

palabras o páginas cada día o semana. Esto hace que tu cerebro entienda que sí lo puedes hacer.

6. **Revísalas regularmente**: revisa tus metas de forma regular para evaluar tu progreso y hacer ajustes según sea necesario. Si encuentras que una meta no es realista o necesita modificarse, no tengas miedo de ajustarla. La flexibilidad es clave para adaptarse a los cambios en tu vida y circunstancias. Nada es lineal, todo cambia y los cambios son parte del proceso.

Al establecer metas alcanzables y medibles, estás creando un plan de acción claro y concreto que te guiará hacia el éxito. Mantén tus metas a la vista y trabaja de manera constante y disciplinada para alcanzarlas. Con determinación y compromiso, puedes lograr cualquier cosa que te propongas.
¡Adelante hacia tus sueños y aspiraciones!

Ejercicio práctico

Ejercicio 1

Utiliza la metodología **SMART** (Específico, Medible, Alcanzable, Relevante, Temporal) para establecer una meta relacionada con tu plan de cambio. Desglosa esta meta en pasos pequeños y concretos. La metodología SMART es una herramienta simple pero poderosa para establecer metas efectivas y alcanzables. Aquí te explico cada uno de los componentes de SMART:

1. **Específico (*specific*)**: tu meta debe ser clara y específica, evita generalidades. Debes responder las preguntas de quién, qué, cuándo, dónde, por qué y cómo. Por ejemplo, en lugar de decir «quiero mejorar mi salud», podrías decir «quiero perder 5 kilogramos de peso en los próximos tres meses».

2. **Medible (*measurable*)**: debes ser capaz de medir tu progreso y tu éxito. Utiliza números o indicadores tangibles para determinar si has alcanzado tu meta. Por ejemplo, en lugar de decir «quiero ser más organizado», podrías decir «quiero limpiar y organizar mi escritorio todos los días antes de irme del trabajo».

3. **Alcanzable (*achievable*)**: tu meta debe ser realista y alcanzable, considerando tus circunstancias y recursos disponibles. No establezcas metas imposibles de lograr. Debes sentirte capaz de alcanzar tu meta con esfuerzo y dedicación. Por ejemplo, en lugar de decir «quiero ser millonario en un año», podrías decir «quiero ahorrar $10,000 en un año». Recuerda que cada meta es personal.

4. **Relevante (*relevant*)**: tu meta debe ser relevante y alineada con tus valores, prioridades y objetivos generales. Debe tener un significado y un propósito para ti. No establezcas metas que no te importen realmente. Por ejemplo, si tu objetivo principal es mejorar tu carrera, establecer una meta relacionada con tus habilidades laborales sería relevante.

5. **Temporal (*time-bound*)**: debes establecer un plazo o fecha límite para alcanzar tu meta. Esto te proporciona un sentido de urgencia y te ayuda a mantenerte enfocado en el logro de tu objetivo. Por ejemplo, en lugar de decir «quiero aprender un nuevo idioma», podrías decir «quiero aprender francés hasta un nivel intermedio en un año».

Al seguir la metodología SMART, puedes asegurarte de que tus metas sean claras, alcanzables y orientadas al éxito. Recuerda que revisar y ajustar tus metas según sea necesario es parte del proceso.

6
CÓMO LAS EMOCIONES AFECTAN LOS CAMBIOS

"LAS EMOCIONES SON EL LENTE A TRAVÉS DEL CUAL PERCIBIMOS Y EXPERIMENTAMOS LOS CAMBIOS EN NUESTRA VIDA."

¡ESTOY EN EL CAMINO HACIA UNA VIDA PLENA Y SATISFACTORIA!

Explorando el vínculo entre las emociones y los comportamientos

¿Qué son las emociones? Son reacciones psicofisiológicas que todos experimentamos a diario, aunque no siempre seamos conscientes de ello. Surgen ante situaciones relevantes que implican peligro, amenaza, daño, pérdida, éxito, logros, alegría y nos preparan para poder dar una respuesta adaptativa a esa situación. Gracias a las emociones hemos podido responder rápidamente ante aquellos estímulos que amenazaban nuestro bienestar físico o psicológico, garantizando nuestra supervivencia. El miedo, la alegría, la ira, la tristeza y el asco son las emociones básicas que todo ser humano experimenta.

Las emociones son una parte integral de la experiencia humana, y tienen un impacto profundo en todos los aspectos de nuestra vida. Desde el momento en que nos despertamos por la mañana hasta que nos acostamos por la noche, nuestras emociones influyen en nuestras acciones, decisiones y relaciones. Esta conexión entre emociones y comportamientos es tan intrínseca que a menudo ni siquiera somos conscientes de ella, pero tiene un poderoso efecto en nuestra calidad de vida y bienestar general.

Cuando experimentamos emociones positivas como la felicidad, la alegría o la gratitud, es más probable que nuestro comportamiento refleje estas emociones de una manera constructiva. Por ejemplo, cuando nos sentimos felices, es más probable que seamos amables con los demás, que busquemos oportunidades para ayudar y que nos comprometamos activamente con nuestras tareas y objetivos.

Por otro lado, cuando experimentamos emociones negativas como la tristeza, la ira o el miedo, es más probable que nuestros comportamientos reflejen estas emociones de manera menos agradable y constructiva. Podemos volvernos más retraídos, evitar situaciones desafiantes o incluso actuar de manera impulsiva.

Esta conexión entre emociones y comportamientos es bidireccional y dinámica. No solo nuestras emociones influyen en nuestros comportamientos, sino que también nuestros comportamientos pueden influir en nuestras emociones. Por ejemplo, cuando nos obligamos a sonreír, incluso si no nos sentimos especialmente felices en ese momento, nuestros cerebros pueden interpretar esa señal física como una indicación de felicidad, lo que puede conducir a un cambio positivo en nuestro estado emocional.

Al comprender y explorar en profundidad este vínculo entre emociones y comportamientos, podemos aprender a ser más conscientes de nuestras emociones y cómo afectan nuestras acciones y decisiones. Podemos desarrollar estrategias para regular nuestras emociones de manera saludable, lo que nos permite responder de manera más efectiva a las situaciones desafiantes de la vida.

Al hacerlo, podemos promover un mayor bienestar emocional y éxito en todas las áreas de nuestras vidas, desde nuestras relaciones personales y profesionales hasta nuestra salud física y mental. Siendo esta una parte muy importante en el logro de las metas.

En esta sección, exploraremos en profundidad el vínculo entre nuestras emociones y nuestros comportamientos, y cómo podemos aprovechar este conocimiento para promover un mayor bienestar y éxito en nuestras vidas.

1. **Consciencia emocional**: el primer paso para comprender el vínculo entre emociones y comportamientos es desarrollar la conciencia emocional. Esto implica reconocer y comprender nuestras propias emociones, así como también ser conscientes de cómo estas emociones influyen en nuestras acciones y decisiones. La consciencia emocional nos permite identificar patrones recurrentes de pensamientos y comportamientos que pueden estar relacionados con nuestras emociones subyacentes.

2. **Impacto de las emociones en el comportamiento**: nuestras emociones también pueden influir en nuestras decisiones y juicios. Cuando estamos dominados por emociones intensas, como la ira o el miedo, es más probable que tomemos decisiones impulsivas o irracionales. Por qué podemos ver desde otro punto de vista la situación, siempre veremos el lado positivo y el aprendizaje que esta nos deja. Por otro lado, las emociones positivas, como la gratitud y la alegría, pueden mejorar nuestra capacidad para tomar decisiones.

3. **Estrategias de regulación emocional**: aprender a regular nuestras emociones de manera saludable es fundamental para gestionar nuestros comportamientos de manera efectiva. Esto implica identificar y manejar constructivamente nuestras emociones, en lugar de dejar que nos controlen. Algunas estrategias de regulación emocional incluyen la práctica de la atención plena, la expresión emocional a través del arte o la escritura, siendo estas actividades que requieren el 100% de la atención y el desarrollo de habilidades de afrontamiento positivas.

4. **Repercusiones en la toma de decisiones**: nuestras emociones también pueden influir en nuestras decisiones y juicios. Cuando estamos dominados por

emociones intensas, como la ira o el miedo, es más probable que tomemos decisiones impulsivas o irracionales. Por otro lado, las emociones positivas, como la gratitud y la alegría, pueden mejorar nuestra capacidad para tomar decisiones.

5. **Ciclo emoción-comportamiento**: existe un ciclo continuo entre nuestras emociones y comportamientos. Nuestras emociones pueden desencadenar ciertos comportamientos, y a su vez, nuestros comportamientos pueden afectar nuestras emociones. Por ejemplo, si nos sentimos estresados, es posible que recurramos a comportamientos poco saludables, como comer en exceso o evitar el ejercicio, lo que a su vez puede aumentar nuestro estrés.

Al explorar el vínculo entre emociones y comportamientos, podemos adquirir una mayor comprensión de nosotros mismos y de cómo interactuamos con el mundo que nos rodea. Al desarrollar la consciencia emocional y aprender a regular nuestras emociones de manera saludable, podemos tomar decisiones más informadas y construir relaciones más satisfactorias. En las secciones siguientes,

profundizaremos en cómo podemos aplicar este conocimiento para promover un mayor bienestar y éxito en nuestras vidas.

LAS EMOCIONES PRINCIPALES

ALEGRIA  · TRISTEZA

SORPRESA  · RABIA

MIEDO

Técnicas para gestionar las emociones y utilizarlas como impulsores positivos del cambio

Ahora que hemos explorado la conexión entre nuestras emociones y comportamientos, es importante aprender cómo gestionar nuestras emociones de manera efectiva y utilizarlas como impulsores positivos del cambio en nuestras vidas. Aquí presentaremos algunas técnicas prácticas que puedes utilizar para gestionar tus emociones y aprovechar su poder para promover un cambio positivo en tu vida.

1. **Práctica de la atención plena**: la atención plena es una técnica poderosa que puede ayudarte a desarrollar una mayor consciencia emocional y a gestionar tus emociones de manera efectiva. Al practicar la atención plena, aprendes a observar tus pensamientos y emociones sin juzgarlos ni reaccionar ante ellos de manera automática. Esto te permite responder a tus emociones de manera consciente y deliberada, en lugar de dejarte llevar por impulsos emocionales.

   La meditación mindfulness, la respiración consciente y la observación de tus sensaciones físicas son algunas formas de practicar la atención plena. También puedes usar la escritura, pintar un cuadro o colorear, actividades que te ayudan a calmar la mente porque necesitan toda tu atención.

2. **Identificación y etiquetado de emociones**: una parte importante de la gestión emocional es poder identificar y etiquetar tus emociones de manera precisa. A menudo, simplemente nombrar tus emociones puede ayudarte a reducir su intensidad y aclarar tu pensamiento. Practica identificar cómo te sientes en diferentes situaciones y ponles nombre a tus emociones. Por ejemplo, si te sientes abrumado por una situación estresante, puedes reconocer que estás experimentando ansiedad o frustración. Por eso, cuando conoces lo que sientes es mucho más fácil gestionarlas.

3. **Desarrollo de estrategias de afrontamiento**: las estrategias de afrontamiento te ayudan a manejar eficazmente el estrés y las emociones negativas cuando surgen. Estas estrategias pueden incluir técnicas de relajación como la respiración profunda o la visualización, actividades que te brinden placer y alivio como la práctica de hobbies o la socialización con amigos, o simplemente tomarte un tiempo para descansar y cuidar de ti mismo. Experimenta con diferentes estrategias de afrontamiento para descubrir cuáles funcionan mejor para ti en diferentes situaciones.

4. **Reevaluación cognitiva**: la reevaluación cognitiva es una técnica que implica cambiar tu interpretación de una situación para cambiar la forma en que te sientes al respecto. En lugar de reaccionar automáticamente a una situación basada en tus emociones iniciales, intenta desafiar y cuestionar tus pensamientos y creencias

   subyacentes. Esto puede ayudarte a ver la situación desde una perspectiva más equilibrada y a encontrar soluciones o enfoques más constructivos. Por ejemplo, si te sientes abrumado por una tarea difícil en el trabajo, podrías preguntarte: «¿realmente es tan malo como creo? ¿Qué puedo hacer para abordar esta situación de manera efectiva?». Siempre buscando que te muestre.

5. **Práctica de la gratitud y el optimismo**: cultivar la gratitud y el optimismo puede ayudarte a desarrollar una perspectiva más positiva de la vida y a gestionar tus emociones de manera más efectiva. Toma tiempo cada día para reflexionar sobre las cosas por las que estás agradecido y busca el lado positivo de las situaciones difíciles. Practicar la gratitud y el optimismo puede ayudarte a mantener una actitud positiva incluso en medio de desafíos y adversidades.

Al implementar estas técnicas en tu vida diaria, puedes desarrollar una mayor capacidad para gestionar tus emociones y utilizarlas como impulsores positivos del cambio. Aprender a trabajar con tus emociones en lugar de contra ellas te permiten enfrentar los desafíos con resiliencia y determinación, promoviendo así un mayor bienestar y éxito en todas las áreas de tu vida.

Ejercicios prácticos

Ejercicio 1: Diario emocional

Lleva un diario emocional durante una semana. Registra cómo te sientes en diferentes momentos del día y reflexiona sobre cómo estas emociones influyen en tus comportamientos y decisiones.

Ejercicio 2: Respiración consciente

Dedica unos minutos cada día a practicar la respiración consciente. Siéntate en un lugar tranquilo, cierra los ojos y concéntrate en tu respiración. Observa cómo entra y sale el aire de tu cuerpo, sin tratar de cambiarlo. Esta práctica puede ayudarte a calmar tu mente y reducir el estrés en momentos de tensión emocional.

Ejercicio 3: Autocompasión

Dedica tiempo a practicar la autocompasión y la amabilidad hacia ti mismo. Reconoce que es natural experimentar una variedad de emociones, tanto positivas como negativas, y que está bien no ser perfecto. Trátate con la misma comprensión y gentileza que ofrecerías a un amigo querido en momentos de dificultad.

Al completar estos ejercicios prácticos, estarás desarrollando habilidades importantes para gestionar tus emociones de manera efectiva y utilizarlas como impulsores positivos del cambio en tu vida. Recuerda que la práctica constante y la paciencia son clave para cultivar una relación saludable con tus emociones.

¡Te deseo mucho éxito en tu viaje hacia el bienestar emocional y el crecimiento personal!

7
MANTENIENDO EL IMPULSO Y LA CONSISTENCIA

"CULTIVA EL HÁBITO DE MANTENER EL IMPULSO Y LA CONSTANCIA, Y VERÁZ RESULTADOS EXTRAORDINARIOS"

¡CONFÍO EN MI CAPACIDAD PARA TRANSFORMAR MIS HÁBITOS Y ALCANZAR MIS METAS!

Estrategias para mantener la disciplina y la consistencia a lo largo del proceso de cambio

Cuando nos embarcamos en un viaje de cambio y crecimiento personal, la disciplina y la consistencia son elementos cruciales para alcanzar nuestros objetivos. Sin embargo, mantener estas cualidades a lo largo del tiempo puede ser todo un desafío. Aquí te presento estrategias efectivas para ayudarte a mantener la disciplina y la consistencia en tu proceso de cambio:

1. **Comprensión de la psicología del cambio**: antes de sumergirnos en las estrategias prácticas, es esencial comprender la psicología detrás del proceso de cambio. Hay que reconocer que el cambio es un proceso gradual, lleno de altibajos. Nos ayuda a cultivar la paciencia y la autocompasión necesarias para mantenernos enfocados a largo plazo. Además, entender las etapas del cambio, como la contemplación, la preparación, la acción y el mantenimiento, nos brinda una hoja de ruta para navegar por nuestro viaje de transformación personal.

2. **Claridad en los objetivos y prioridades**: la claridad en tus objetivos y prioridades es fundamental para mantener la disciplina y la consistencia. Tómate el tiempo necesario para reflexionar sobre lo que realmente quieres lograr y por qué es importante para ti.

Define objetivos SMART (específicos, medibles, alcanzables, relevantes y con plazos, lo puedes ver más detallado en el capítulo 5) que te proporcionen una dirección clara y un sentido de propósito. Al tener una comprensión profunda de tus objetivos, estarás más motivado para mantener la disciplina en tu búsqueda de ellos.

3. **Planificación estratégica**: la planificación estratégica es una herramienta poderosa para mantener la consistencia en tus acciones. Dedica tiempo a desarrollar un plan detallado que incluya pasos concretos y realistas para alcanzar tus objetivos. Desglosa tus metas en tareas más pequeñas y asigna plazos específicos para cada una. Además, considera posibles obstáculos y elabora estrategias de contingencia para superarlos. Al tener un plan sólido en su lugar, te resultará más fácil mantenerte encaminado y enfocado en tus objetivos a largo plazo.

4. **Establecimiento de rutinas y hábitos saludables**: las rutinas y hábitos saludables son la columna vertebral de la disciplina y la consistencia. Identifica las acciones diarias que te acercarán a tus objetivos y conviértelas en hábitos arraigados en tu vida diaria. Establece una rutina matutina que te prepare para el día con calma y claridad. Incorpora hábitos de autocuidado, como la práctica de la atención plena, el ejercicio regular y una dieta saludable, que te ayuden a mantener un estado de ánimo positivo y energético.

Al integrar estas prácticas en tu vida diaria, fortalecerás tu disciplina y mejorarás tu capacidad para mantener la consistencia en tus esfuerzos de cambio.

5. **Autogestión y autorregulación**: la autogestión y la autorregulación son habilidades clave para mantener la disciplina a largo plazo. Aprende a manejar tus impulsos y emociones, y a resistir la tentación de los placeres instantáneos que puedan desviarte de tus objetivos a largo plazo. Practica la autoconciencia y la autoevaluación monitoreando tu progreso y ajusta tu enfoque según sea necesario. Cultiva la capacidad de posponer la gratificación inmediata en favor de las recompensas a largo plazo que te acercarán a tus metas más importantes.

6. **Cuidado del bienestar integral**: el cuidado del bienestar integral es esencial para mantener la disciplina y la consistencia en tu viaje de cambio. Prioriza tu salud física, mental y emocional, y asegúrate de dedicar tiempo a actividades que te recarguen y te rejuvenezcan. Incorpora prácticas de autocuidado como el descanso adecuado, la gestión del estrés y la conexión social en tu vida diaria. Al cuidar tu bienestar integral, estarás mejor equipado para mantener la disciplina y la consistencia en tus metas de cambio a largo plazo.

7. **Flexibilidad y adaptabilidad**: por último, pero no menos importante, recuerda la importancia de la flexibilidad y la adaptabilidad en tu viaje de cambio. Acepta que habrá momentos de contratiempos y desafíos en el camino, y sé lo suficientemente flexible como para ajustar tu curso según sea necesario.

   Aprende de tus errores y fracasos, y utilízalos como oportunidades para crecer y mejorar.

   Mantén una actitud de apertura y resiliencia frente a los cambios inesperados, y confía en tu capacidad para superar cualquier obstáculo que se presente en tu camino hacia el éxito. Al implementar estas estrategias en tu vida diaria, estarás mejorando tus habilidades para mantener la disciplina y la consistencia a lo largo del proceso de cambio. Recuerda que el cambio sostenible requiere tiempo, esfuerzo y dedicación, pero con la disciplina adecuada y el compromiso constante, puedes alcanzar tus metas y convertir tus sueños en realidad.

¿Cómo superar los momentos de desmotivación y recaída?

A lo largo de tu viaje de cambio y crecimiento personal, es probable que te encuentres con momentos de desmotivación y recaída. Estos momentos son naturales y forman parte del proceso de cambio. Sin embargo, lo importante es cómo elijas responder a estos desafíos. En esta sección, exploraremos estrategias efectivas para superar los momentos de desmotivación y recaída y seguir avanzando hacia tus metas:

1. **Practica la autocompasión**: cuando te veas o te sientas frente a la desmotivación o la recaída, recuerda ser compasivo contigo mismo. Reconoce que es normal tener altibajos en el camino hacia el cambio y que no eres perfecto. En lugar de castigarte por tus recaídas, trata de tratarte con la misma bondad y comprensión que lo harías con un amigo querido que estuviera pasando por una situación similar.

2. **Refuerza tu motivación**: identifica qué es lo que te motivó inicialmente a embarcarte en tu viaje de cambio. Recuerda tus razones y objetivos originales y reconecta con la pasión y determinación que te llevaron a dar el primer paso. Puedes hacer esto escribiendo una lista de tus razones para cambiar o creando un tablero de visión, que puedes que represente tus metas y aspiraciones.

3. **Analiza tus pensamientos y creencias**: examina tus pensamientos y creencias sobre la desmotivación y la recaída. ¿Estás siendo demasiado duro contigo mismo? ¿Hay patrones de pensamiento negativo que están contribuyendo a tu falta de motivación? Practica la reestructuración cognitiva para desafiar y cambiar estos pensamientos limitantes por otros más positivos y realistas.

4. **Reevalúa tus metas y estrategias**: es posible que necesites reevaluar tus metas y estrategias si te encuentras luchando constantemente con la desmotivación y la recaída. Pregúntate si tus objetivos siguen siendo realistas y significativos para ti en este momento. Considera si tus estrategias actuales están funcionando o si necesitas probar enfoques diferentes.

5. **Encuentra apoyo**: busca el apoyo de amigos, familiares, mentores o profesionales si te sientes abrumado por la desmotivación y la recaída. Comparte tus sentimientos y experiencias con personas en las que confíes y que puedan ofrecerte consuelo y orientación. A menudo, simplemente hablar sobre tus desafíos puede ayudarte a ganar una nueva perspectiva porque siempre es importante escuchar opiniones constructivas de personas que te aprecian y que ya tienen experiencia en esa meta que tú quieres alcanzar. Esto te ayuda a renovar tu determinación.

6. **Crea un plan de acción**: desarrolla un plan de acción con pasos concretos y alcanzables para superar la desmotivación y la recaída. Esto podría incluir actividades que te ayuden a recargarte física, mental y emocionalmente, como practicar ejercicio físico, meditar, o dedicar tiempo a actividades que disfrutes. Tener un plan de acción te ayudará a recuperar el control y la sensación de dirección.

7. **Practica la resiliencia**: cultiva la resiliencia emocional para enfrentar los desafíos y superar las adversidades con fuerza y determinación. Recuerda que las recaídas son parte del proceso de cambio y que puedes aprender y crecer a partir de ellas. Enfrenta tus desafíos con coraje y perseverancia, sabiendo que eres capaz de superar cualquier obstáculo que se interponga en tu camino.

Al implementar estas estrategias, puedes superar los momentos de desmotivación y recaída y seguir avanzando hacia tus metas y aspiraciones.

Recuerda que el cambio es un proceso continuo y que cada paso que das te acerca más a la versión más plena y auténtica de ti mismo.

¡Sigue adelante con determinación y confía en tu capacidad para triunfar!

Estrategias para incorporar nuevos hábitos de manera fácil y efectiva en tu rutina diaria

Incorporar nuevos hábitos en tu vida diaria puede ser un desafío, pero con las estrategias adecuadas, puedes hacerlo de manera fácil y efectiva. En esta sección, exploraremos algunas estrategias prácticas para ayudarte a establecer nuevos hábitos de forma duradera:

1. **Empieza pequeño**: cuando se trata de establecer nuevos hábitos, comienza con pequeños pasos. En lugar de intentar cambiar todo de una vez, identifica un hábito específico que te gustaría incorporar y comienza con una versión simplificada de ese hábito. Por ejemplo, si deseas hacer ejercicio regularmente, comienza con solo 10 minutos al día en lugar de una hora completa de ejercicios. Si quieres eliminar algún alimento que te hace daño, hazlo de manera progresiva.

2. **Establece recordatorios**: utiliza recordatorios visuales o auditivos para recordar realizar tu nuevo hábito. Puedes configurar alarmas en tu teléfono, colocar notas adhesivas en lugares estratégicos o asociar tu nuevo hábito con una actividad que ya realizas diariamente. Cuanto más consistente seas al recordarte tu hábito, más fácil será incorporarlo a tu rutina.

3. **Crea una rutina**: incorpora tu nuevo hábito en una rutina existente para facilitar su adopción. Por ejemplo, si deseas meditar todos los días, intégralo en tu rutina matutina o nocturna. Al asociar tu nuevo hábito con actividades que ya realizas regularmente, será más probable que lo sigas de manera constante.

4. **Hazlo divertido**: encuentra formas de hacer tu nuevo hábito más divertido y atractivo. Experimenta con diferentes variaciones y enfoques para mantenerlo interesante y motivador. Por ejemplo, si estás aprendiendo un nuevo idioma, usa aplicaciones de aprendizaje interactivas o únete a grupos de conversación en línea para hacerlo más entretenido. Cuando nos divertimos y disfrutamos haciendo algo, el cerebro automáticamente te va a pedir más de eso.

5. **Celebra tus éxitos**: reconoce y celebra tus logros a medida que avanzas en la formación de tu nuevo hábito. Cada pequeño paso en la dirección correcta es una victoria que te acerca más a tus metas. Recompénsate a ti mismo de manera significativa por tus esfuerzos y avances, ya sea con palabras de elogio, tiempo para ti mismo o un pequeño regalo.

6. **Sé flexible**: permítete ser flexible y compasivo contigo mismo a lo largo del proceso de establecer nuevos hábitos. Es natural experimentar contratiempos y desafíos en el camino, pero lo importante es cómo eliges responder a ellos. Ajusta tu enfoque según sea necesario y sigue adelante con determinación y perseverancia.

7. **Mantén el enfoque en el progreso**: en lugar de centrarte en la perfección o en los contratiempos ocasionales, enfócate en el progreso que has hecho hasta ahora. Celebra cada pequeño avance y reconoce el crecimiento personal que has logrado. Mantén una actitud positiva y enfocada en el futuro a medida que trabajas para incorporar nuevos hábitos en tu vida diaria. Recuerda que la perfección no existe. Deja de gastar tu energía buscando la perfección y da lo mejor de ti. Disfruta el proceso. Al seguir estas estrategias, puedes hacer que sea más fácil y efectivo incorporar nuevos hábitos en tu rutina diaria. Recuerda que el cambio lleva tiempo y esfuerzo, pero con determinación y perseverancia, puedes lograr tus objetivos y convertirte en la mejor versión de ti mismo.

¡Adelante, sé valiente y comienza tu viaje hacia una vida más saludable y satisfactoria!

Ejercicios prácticos

Ejercicio 1: La regla de los 30 días

Comprométete a practicar tu nuevo hábito todos los días durante al menos 30 días consecutivos. La regla de los 30 días es una estrategia efectiva para establecer un nuevo hábito, ya que te ayuda a crear consistencia y familiaridad con la acción deseada. Una vez que hayas completado los 30 días, evalúa cómo te sientes y decide si deseas continuar con el hábito a largo plazo.

Ejercicio 2: La gratitud

Dedica tiempo cada día a reflexionar sobre las cosas por las que estás agradecido en relación con tu nuevo hábito. Reconoce los beneficios y las oportunidades que te ha brindado el establecimiento de este hábito y exprésate gratitud por el progreso que has logrado hasta ahora. La práctica de la gratitud te ayudará a mantener una actitud positiva y motivada a lo largo de tu viaje de cambio.

Al completar estos ejercicios prácticos, estarás fortaleciendo tu compromiso y motivación para incorporar nuevos hábitos en tu vida diaria. Recuerda que cada pequeño paso que tomas te acerca más a tus objetivos y a la vida que deseas vivir.

¡Sigue adelante con determinación y confianza en tu capacidad para crear una rutina que te lleve hacia el éxito y el bienestar!

8
CELEBRANDO LOS LOGROS Y APRENDIZAJES

"¡FELICIDADES POR TUS TRIUNFOS! ESTE ES SOLO EL COMIENZO
DE GRANDES COSAS POR VENIR."

¡CONFIO EN MI CAPACIDAD PARA CREAR LA VIDA QUE DESEO!

Reconociendo y celebrando tus avances y logros, por pequeños que sean

Reconocer y celebrar tus avances y logros, por más pequeños que puedan parecer, es esencial para mantener tu motivación y continuar avanzando hacia tus metas. En esta sección, exploraremos la importancia de reconocer tus logros y te brindaré algunas sugerencias sobre cómo celebrarlos de manera significativa:

1. **Cultiva la gratitud**: toma un momento cada día para reflexionar sobre tus logros, por pequeños que sean, y expresa gratitud por ellos. Reconoce el esfuerzo y la dedicación que has invertido para llegar a dónde estás hoy. La práctica diaria de la gratitud te ayudará a mantener una perspectiva positiva y a apreciar el progreso que has logrado. Recuerda que cuanto más agradezcas, más se multiplicarán las cosas por las cuales agradecer en tu vida.

2. **Crea un diario de logros**: lleva un diario donde puedas registrar tus logros y avances a lo largo del tiempo. Anota cada pequeño paso que hayas dado hacia tus metas, desde los más grandes hasta los más pequeños. Al revisar tu diario de logros, podrás ver cuánto has crecido y progresado a lo largo del tiempo, lo que te dará un impulso de confianza y motivación.

Toma fotos desde el día que iniciaste, el proceso día a día y documenta con fotografías todo lo que vayas logrando. Cuando veas de nuevo las fotos, sentirás una sensación de satisfacción y logro.

3. **Celebra los logros pequeños**: establece hábitos pequeños y alcanzables en tu camino hacia tus metas más grandes y celebra cada vez que alcances uno de ellos. Reconoce tus logros con una pequeña celebración, como salir a cenar con amigos, darte un capricho, o simplemente tomarte un momento para felicitarte a ti mismo. Reconocer tus logros te ayudará a mantenerte motivado y comprometido con tu camino de crecimiento personal.

4. **Comparte tus logros**: no tengas miedo de compartir tus logros con amigos, familiares o colegas. Compartir tus éxitos con los demás no solo te brinda una sensación de satisfacción y orgullo, sino que también puede inspirar y motivar a quienes te rodean. Recibe el apoyo y la celebración de quienes te importan y celebra juntos cada paso hacia adelante. Solo tú conoces cuál es tu verdadero entorno y a quién perteneces.

5. **Reflexiona sobre tu progreso**: dedica tiempo regularmente para reflexionar sobre tu progreso y reconocer cómo has crecido y cambiado a lo largo del tiempo.

Observa cómo tus pequeños pasos y acciones han contribuido a tu desarrollo personal y profesional. Celebrar tu progreso te ayudará a mantener una actitud positiva y a seguir avanzando hacia tus metas con confianza y determinación.

Al practicar el reconocimiento y la celebración de tus avances y logros, estarás cultivando una mentalidad de abundancia de éxito y gratitud que te llevará cada vez más cerca de tus metas y aspiraciones. Recuerda que cada pequeño paso que das es una victoria en sí misma y merece ser reconocida y celebrada.

¡Continúa avanzando con orgullo en tu viaje hacia el crecimiento personal y el éxito!

Aprendiendo de los desafíos y ajustando tu enfoque para un mayor éxito futuro

En el camino hacia el cambio y el crecimiento personal, es inevitable encontrarse con desafíos y obstáculos. Sin embargo, la forma en que enfrentas y aprendes de estos desafíos puede marcar la diferencia entre el éxito y el estancamiento. En esta sección, exploraremos cómo puedes aprender de tus desafíos y ajustar tu enfoque para lograr un mayor éxito en el futuro.

Cuando te encuentres con desafíos en tu camino, en lugar de verlos como obstáculos insuperables, trata de verlos como oportunidades de aprendizaje y crecimiento. Cada desafío que enfrentas te brinda la oportunidad de desarrollar nuevas habilidades, fortalecer tu resiliencia y descubrir nuevas estrategias para superar obstáculos similares en el futuro.

Una forma efectiva de aprender de los desafíos es reflexionar sobre tus experiencias y buscar lecciones que puedas aplicar en el futuro.

Pregúntate a ti mismo qué salió bien, qué salió mal y qué podrías hacer de manera diferente la próxima vez. Analiza tus acciones y decisiones, identifica los patrones de comportamiento que pueden haber contribuido al desafío y considera cómo podrías abordar la situación de manera diferente en el futuro.

Es importante mantener una mentalidad de crecimiento y flexibilidad a lo largo del proceso de enfrentar desafíos. En lugar de ver los contratiempos como fracasos permanentes, concéntrate en cómo puedes aprender y crecer a partir de ellos. Ajusta tu enfoque según sea necesario, prueba nuevas estrategias y mantén una actitud positiva y proactiva mientras trabajas para superar los desafíos que se te presentan.

Recuerda que los desafíos son una parte natural del proceso de cambio y crecimiento. Al aprender de tus experiencias, ajustar tu enfoque y mantener una actitud positiva y resiliente, puedes superar cualquier obstáculo que se interponga en tu camino y seguir avanzando hacia tus metas y aspiraciones con confianza y determinación.

Ejercicios prácticos

EJERCICIO 1: CONECTAR CON TU YO INTERIOR

Tómate 30 minutos para ubicarte en un lugar tranquilo donde puedas relajarte, colocar una música suave y conectarte con tu yo interior.

Mirándolo desde afuera, escríbete una carta, sí, una carta a ti mismo felicitándote y celebrando tus logros y progresos durante este proceso de cambio. Reconoce tus fortalezas y reflexiona sobre lo que has aprendido sobre ti mismo en el camino.

EJERCICIO 2: SESIÓN DE REFLEXIÓN SEMANAL

Dedica tiempo cada semana para reflexionar sobre tus experiencias y desafíos de la semana anterior. Hazte preguntas reflexivas como:

- ¿Qué desafíos enfrenté esta semana y cómo los abordé?

- ¿Qué lecciones puedo aprender de estos desafíos?

- ¿Cómo puedo ajustar mi enfoque para lograr un mayor éxito en el futuro?

Utiliza estas respuestas para orientar tus acciones y decisiones en las semanas siguientes.

Recuerda que cada desafío es una oportunidad de aprendizaje y crecimiento, y que solo tú tienes el poder de ajustar tu enfoque y seguir avanzando hacia tus metas y aspiraciones con determinación y confianza en ti mismo.

Conclusión:
TU VIAJE HACIA UNA VIDA TRANSFORMADA

Tu viaje hacia una vida transformada

Has recorrido un camino significativo en tu búsqueda de cambio y crecimiento personal. A lo largo de este libro, hemos explorado juntos los fundamentos del cambio positivo, desde la importancia de establecer nuevos hábitos hasta la comprensión de cómo nuestras emociones influyen en nuestro comportamiento. Te has sumergido en estrategias prácticas para superar desafíos, alcanzar metas y cultivar una mentalidad de crecimiento.

Durante este viaje, has aprendido que el cambio no es fácil ni lineal. Hay altibajos, desafíos inesperados y momentos de duda. Sin embargo, has demostrado una resiliencia increíble al enfrentar estos desafíos con valentía y determinación. Cada paso que has dado ya sea grande o pequeño, te ha llevado más cerca de la vida transformada que deseas.

Recuerda siempre que eres el arquitecto de tu propio destino. Tienes el poder de moldear tu vida de acuerdo con tus valores, tus sueños y aspiraciones más profundos. A medida que continúes en tu viaje hacia una vida transformada, lleva contigo las lecciones que has aprendido y la fortaleza que has demostrado.

Sigue confiando en ti mismo y en tu capacidad para superar cualquier obstáculo que se interponga en tu camino. Cultiva siempre una mentalidad de crecimiento, mantén tu enfoque en lo que es importante para ti y avanza con determinación y pasión hacia tus metas y sueños.

Recuerda la importancia del autocuidado y la compasión hacia ti mismo. Date permiso para ser humano, para cometer errores y para aprender de ellos. Celebra tus logros, por pequeños que sean, y recuerda que cada paso adelante es un motivo de celebración.

Finalmente, sé amable contigo mismo y con los demás en este viaje. La vida es un proceso continuo de aprendizaje y crecimiento personal. Mantén tu mente abierta, tu corazón lleno de gratitud y tu espíritu lleno de esperanza y optimismo.

Te felicito, con cariño y admiración, por tu valentía y determinación.

Y recuerda siempre esta frase:

"Eres una gran estrella que brilla con luz propia"

Apéndice:

RECURSOS ADICIONALES PARA EL CRECIMIENTO PERSONAL Y EL CAMBIO POSITIVO

En esta sección, encontrarás una lista de recursos adicionales que pueden ayudarte en tu viaje hacia el crecimiento personal y el cambio positivo. Estos recursos incluyen libros recomendados, para seguir avanzando en tu camino de transformación personal.

Libros recomendados:

1. *Si lo crees, lo creas* de Brian Tracy y Christina Stein: un libro que te muestra el camino para eliminar los pensamientos negativos y que solo tú tienes el poder de crear, eso que tanto quieres.

2. *Los 7 hábitos de la gente altamente efectiva* de Stephen R. Covey: un clásico sobre cómo desarrollar hábitos positivos y alcanzar el éxito personal y profesional.

3. *Mindset: la actitud del éxito* de Carol S. Dweck: este libro explora la diferencia entre una mentalidad fija y una mentalidad de crecimiento, y cómo esta última puede conducir al éxito en todos los aspectos de la vida.

Espero que encuentres estos recursos útiles en tu viaje hacia una vida transformada. Recuerda que el crecimiento personal es un viaje continuo y que siempre hay oportunidades para aprender, crecer y mejorar.

¡Sigue adelante con determinación y nunca te rindas en la búsqueda de tu mejor versión!

Yorsa Martinez
LIFE COACH

LA AUTORA

YORSA C. MARTINEZ V.

Una Hermosa Venezolana, Mamá, Resiliente, Optimista, Apasionada del crecimiento personal, del mundo holístico, de la motivación, del estudio de la conducta humana, la neurociencia y la reprogramación mental para un mayor bienestar, somos energía y atraemos lo que pensamos.

Administradora Industrial, Psicoterapeuta y Coach Ontológico de Profesión. CEO. de Y.M. Promotions LLC. Yorsa Store LLC. Creadora del programa de liderazgo y autoetima para niños. "Soy líder 2.0."

Diplomada en:

Constelaciones familiares y organizacionales. Inteligencia emocional -Psicolingüística. -Sexualidad holística y pareja. -Especialista en psicopintura (H.T.P) - Redes Sociales. (Tik tok, Instagram)

Formaciones Certificadas:

-Practitione en P.N.L. -Líder internacional en Yoga de la risa. -Líder internacional en bienestar y alegría. -Practicante de la Grafología, -Reikista, -practicante de Barras Access C. y Tarotista desde los 10 años.

Formaciones con:

Tony Robbins, Margarita Pasos, Brian Tracy.

Made in the USA
Monee, IL
27 September 2024